麦克米伦世纪童书

麦克米伦世纪 全称北京麦克米伦世纪咨询服务有限公司,由全球最大、最知名的国际性出版机构之一的麦克米伦出版集团和二十一世纪出版社集团共同注资成立。

北京麦克米伦世纪咨询服务有限公司
北京市朝阳区光华路 SOHO2B 座 1206
邮编：100020 电话：17200314824
新浪官方微博：@麦克米伦世纪出版

寻书侦探 2

BOOK SCAVENGER

无法破译的密码

［美］珍妮弗 · 钱布利斯 · 贝特曼 著 谢幕娟 译

二十一世纪出版社集团
21st Century Publishing Group

“金子，代表的是重新开始的机会，

改头换面，成为全新的自己。

金子，是希望的隐喻。”

——伊莎贝尔·阿连德

《美国过往：淘金热》纪录片

THE UNBREAKABLE CODE

1

菲尼克斯混入等公交车的人群中。他戴着手套，手里拿着一个纸杯，抬手看了眼手表。乍看过去，任何人都会觉得这是一个再普通不过的男人，没有丝毫特别之处——所有认识他的人都这样觉得。但人们低估他了。

这是一个错误。

10路公交车转过街角，减速驶到华盛顿广场前的这个车站停下，人们开始排队上车。菲尼克斯举起手中的杯子，假装喝完最后一口，然后从口袋里掏出一块口香糖，将剥下的包装纸丢进纸杯，随手把纸杯放在了长椅上，旁边是一个不知被谁放在那儿的绿色拉链包。

菲尼克斯是最后一个上车的。他连着两步跳上公交车的台阶，向司机亮了一下公交月票，司机却压根儿没往他这边看。菲尼克斯一路挤挤挨挨地向车尾走去，乘客们在看手机、看书、看报纸、看平板电脑，或戴着耳机，没有一个人注意到他。人们都快乐地沉浸在自己的世界里，无暇关注他人。

菲尼克斯走到车尾靠窗的位置坐下，这样他就可以在车子开到山路上的时候，透过车窗眺望远处的海湾。天空是一片烟熏蓝的颜色，落日的余晖已经被挤到了地平线之下。波光粼粼的水面上，恶魔岛看起来变成了黑色的一团。

菲尼克斯看着风景，心里却想着他刚才扔下的垃圾。纸杯里装的是水，并不是喝剩的咖啡残渣。口香糖纸里也不是空无一物，里面包着一个银白色的小方块。菲尼克斯在脑海中想象着——杯中的水浸透包装纸的蜡质涂层，浸湿了那个小方块。

爆炸。

不会像电影里的爆炸那么夸张，至少按照常理来说不会。别人扔下的东西，最终后果不是他能控制的，也不应该由他负责。爆炸应该会伴随着巨大的声响——砰的一声，足以让附近的人或者狗吓一跳。这场爆炸将会从一点小小的火苗开始，接着火焰迅速吞没纸杯，蔓延到旁边的拉链包上。

或许有一天，他会留在现场，亲眼看看爆炸是怎么发生的。但不是今晚，今晚他得去参加一个签名售书会，眼看就要迟到了。

2

“我们要迟到了！”艾米莉冲着空荡荡的走廊喊道。她蹬上靴子，调整了一下裙子上的“寻书侦探”胸针。她从来都不是一个喜欢穿裙子的姑娘，但今晚场合特殊。妈妈给她找了一件带帽子的针织裙，跟她平日里连帽衫加牛仔裤的形象不至于相差太远。靴子也是平跟的，很适合走旧金山的山路。

“快一点！”艾米莉催促着还没露面的家人。

马修的房门打开了。他们家住的这幢公寓楼又长又窄，所以他只要两步就能穿过走廊，跟站在楼梯口的艾米莉会合。马修穿的依然是牛仔裤配T恤，只是T恤的款式有点特别，从正面乍一看好像燕尾服似的。他的头发抹得乌黑锃亮，根根立起。艾米莉朝马修的头发投去一个不解的眼神，马修说：“这是现代版的大礼帽。”

他们的爸爸扯着袜子单脚跳着从走廊另一头的卧室

出来，往厨房去了。

“我需要打领带吗？”爸爸的声音从厨房传来。

“爸爸有领带？”马修问。

“还把领带放在厨房？”艾米莉难以置信地补充一句。她下了一级楼梯，让自己离正门更近一点，仿佛这样可以让她的父母加快一点速度。她最好的朋友——住在楼上的詹姆斯，还有他的家人随时都有可能下来，在正门等着和他们会合，然后一起去霍利斯特书店。

艾米莉的爸爸拎出来一个封着口的硬纸箱——他们已经搬来三个月了，这个纸箱还没打开过。他把纸箱扔在走廊上，从里面拿出一个洗菜的漏勺，一本介绍墨西哥画家迭戈·里维拉的书，还有一卷布料，里面包着两条领带。克兰先生站在走廊上，在浴室门口照着镜子。他先是拿起一条蓝色的领带比了比，接着又试了试红色的。“这两条领带都有些显老。”

这时，艾米莉的妈妈也急急忙忙地走出了卧室。她穿了一条及踝长裙，脖子上挂着相机，好似一条项链。“你不穿外套吗，马修？”克兰太太叫道，“回来的路上肯定会很冷。”

马修只好回到自己房间换衣服。这时门铃响了，艾米莉有些恼怒地攥紧了拳头。

“李先生一家已经出来了。”艾米莉喊道，忍不住又下楼朝大门走了几步，“别管领带了，爸爸，你看上去很精神。”

克兰先生原本忧虑的神情顿时化作微笑。“谢谢，亲爱的。”说完，他便把领带朝硬纸盒的方向抛去，“准备就绪。”

门铃第二次响起时，马修也换好衣服出来了。

“终于可以出发了。”艾米莉松了口气。

然而妈妈突然打了个响指。“照相机电池还在充电！我忘拿了。”说完，她便急忙朝走廊那头跑去。

艾米莉无奈地叹了口气。

克兰一家和李先生一家浩浩荡荡地往山下走去。詹姆斯的外婆走在队伍最前面，她是个小个子，走起路来双臂一摆一摆的，一路上小心地避开那些扔在路边、已经干枯的圣诞树，艾米莉、詹姆斯和马修紧跟其后。经过路灯的时候，马修的“大礼帽”投下一道长长的阴影，让他看起来像是科学怪人弗兰肯斯坦。妈妈们跟在他们后面，正热烈地讨论如何拍摄食物。詹姆斯的妈妈曾经跟着詹姆斯的外婆开过一家中国菜餐厅，艾米莉的妈妈则是一名平面设计师，兼职摄影师。詹姆斯的爸爸和艾米莉的爸爸走在队伍最后头，算起来这还是艾米莉第二次见到詹姆斯的爸爸。

夜幕渐渐降临，但他们所在的街区似乎从来不会真正天黑。艾米莉记得以前住在新墨西哥州的时候，夜晚的天空总是漆黑一片，盯着天空看得越久，能看到的星星也就越多，好似有一只无形的手在天空上戳下新的孔洞，让星光透出来。而旧金山则完全不同，街道两边都是三四层的住宅楼，温暖的琥珀色灯光从一个个窗户里透出来，连同路灯和来来往往的汽车灯光，一起为他们照亮前行的路。星光在这里几乎微不足道，只有在偶尔看到三两颗稀疏的星星时，才会意识到它们的存在。

两家人转到波尔克街上，艾米莉感觉胃部在剧烈地抽搐。她自己也分不清这是因为紧张还是兴奋。他们此行是要去参加一个由贝赛德出版社举办的新书签售会，庆祝埃德加·爱伦·坡那份手稿的成功出版。几个月之前，多亏了艾米莉、詹姆斯和马修的努力，这份沉睡了百余年的手稿才得以重见天日。他们三个人这次是去接受奖赏的。

借着餐厅和商店橱窗透出来的明亮灯光，艾米莉察觉到詹姆斯的头发也在闪光。

“史蒂夫今天穿得很闪亮嘛。”艾米莉说。史蒂夫是詹姆斯对他脑后那绺支棱起来的乱发的昵称，这绺头发有它自己的思想，总是傲然挺立在主人的头顶，配上这次闪闪发光的外表，显得更加威风了。

“他也想要盛装出席。”詹姆斯说，马修跟着认同地点点头。

一行人终于走到了霍利斯特书店。透过大大的落地玻璃橱窗，可以看到店里一改平日的温馨和安静，变得热闹非凡。为了这次签售会，店里的书架都被移开了，中间腾出的空地上挤满了人。艾米莉想到当自己穿过大门时，那么多双眼睛会齐刷刷地看向她，不由得攥紧了裙子。等会儿她不会还要在这么多人面前发言吧？

詹姆斯的外婆率先推开门，里面喧哗的人声淹没了门铃摇晃发出的叮当声。书店里的来客大多是穿着普通的成年人，这使得那些特意打扮成埃德加·爱伦·坡的客人格外显眼——他们都穿着旧式套装，脖子上系着领结，蓄着小胡须。一个男人还在肩上装了一只仿真乌鸦，另一个男人的手指上缠着血渍斑斑的绷带，提了个鸟笼，里面居然装着一只真的乌鸦。他们都是在纪念爱伦·坡最著名的一首诗歌——《乌鸦》。

来客里也有小孩子，有些年纪甚至非常小，拉着父母的手或者被父母抱在怀里。大一点的孩子则扑在一张桌子前，忙着解谜或者互相帮忙贴金甲虫的文身贴纸。马修冲一群在食物和饮料区附近晃荡的少年点了点头，穿过房间去跟他的朋友们打招呼。

艾米莉环视人群，发现几乎每个人都戴着金色的“寻书侦探”胸针，跟她自己经常戴在身上的胸针一模一样。“寻书侦探”是艾米莉多年来一直着迷不已的一个寻书游戏。在这个游戏里，玩家会把自己看过的书藏到公共场所，然后在网站上贴出寻书的线索，以启发其他玩家找到自己的藏书。这个胸针并非游戏的一部分，只是一个类似于秘密标志的小饰品。戴上这个胸针，玩家们无须多问就能认出彼此的身份。艾米莉还是第一次见到有这么多人佩戴胸针。胸针的金色光芒让她感觉放松了一些——这些陌生人和她一样，都是“寻书侦探”的粉丝。不过美中不足

CELEBRATE

的是，她一个也不认识。如果大家把自己在“寻书侦探”网站上的头像印在衣服上，那感觉就更好了。

艾米莉伸长脖子，想看看格里斯沃尔德先生在哪儿。格里斯沃尔德先生是“寻书侦探”这个游戏的缔造者，也是这次的爱伦·坡新书的出版人。他身材高大，平时又习惯穿着酒红间银蓝色条纹的西装（跟贝赛德出版社的官方色一样），按理说应该很好找。艾米莉眼光一扫，还真看到了这两种颜色，她心想那肯定是格里斯沃尔德先生，结果定睛一看，却发现那是杰克——格里斯沃尔德先生的助手，他正在屋子对面跟某个人说话。

在人群的边缘，有个男人正在摆弄一台大摄像机，旁边一个穿着礼服的女人在活动脖子，她的姿势在艾米莉看来就像某种噘着嘴做的体操。女人的身体一侧松松地挂着一个小麦克风，艾米莉突然想到两人肯定是某家新闻媒体——霍利斯特说过会有媒体出现在签售会上。想到这里，她的胃不禁又紧张得一阵抽搐。

霍利斯特在哪儿？艾米莉环视一圈，终于在房间的另一头看到了他的背影。霍利斯特正手舞足蹈地跟某个人说话，扎成马尾的脏辫在运动衫上来回甩动。有人拍了拍他的肩膀，指了指艾米莉和詹姆斯所在的方向。霍利斯特转过身，脸上露出一个大大的微笑。他张开双臂，好似在拥抱他们一样，欢呼道：“该孩子们上场了！”

整个房间顿时安静了下来。正如艾米莉预想的那样，所有人都转过头来看着他们。大家的集体注视和私语让她瞬间感觉脸颊发烫。艾米莉害羞地摆弄着自己的“寻书侦探”胸针，詹姆斯有些迟疑地冲大家挥手致意，马修也走了过来，举起拳头致意。霍利斯特走过来，给了他们仨一个大大的熊抱。

“你们兴奋吗？”他问。

是吓坏了，艾米莉在心里暗暗说道，但她还是点了点头。“格里斯沃尔德先生到了吗？”她问。

霍利斯特神色复杂地摇摇头，既担忧又抱歉地说：“他不会来了，虽然我敢肯定他很想过来。不过杰克来了，他会担任主持人。”

说完，霍利斯特转过身跟他们的父母打招呼，詹姆斯偷偷冲艾米莉抬了抬眉毛。很多年前，霍利斯特和格里斯沃尔德先生曾经是亲密无间的好朋友，但后来闹翻了。最初知道格里斯沃尔德先生要在霍利斯特书店为爱伦·坡的新书举办签售会时，艾米莉和詹姆斯还以为这意味着这对老朋友会重归于好。可格里斯沃尔德先生居然没来，或许事情并不像他们想的那样简单。

“霍利斯特，新书摆在哪里？”艾米莉的爸爸说，“我们这几个骄傲的父母，正准备大买特买，回去炫耀呢。”

“真的吗？”爸爸的话让艾米莉有些意外。

由于总是频繁搬家，艾米莉的父母对于包括书在内的物质财产向来并不怎么在意，尽管他们也喜欢看书。“书放在图书馆就行了！”艾米莉的爸爸过去总是这么说。早在艾米莉小时候，她的父母就立下住遍美国五十个州的宏愿，带着她和哥哥马修在一个又一个州之间迁徙。直到最近，艾米莉才成功说服他们暂时在旧金山定居下来，而不是匆忙前往下一个目的地。所以爸爸愿意多买书这件事虽然微不足道，意义却非同寻常。

“我让查理给你拿一些。”霍利斯特说。

“查理是谁？”詹姆斯问。

“你还没见过查理？”霍利斯特说着环顾书店，试图找到那个叫查理的人，“他来这里几周了，是我新聘请的员工。刚才还看到他在这里……”霍利斯特边说边摇头，“啊，算了，我自己去多拿几本书来。”

霍利斯特刚走，格里斯沃尔德先生的助手杰克穿过那三个打扮成埃德加·爱伦·坡模样的人，朝他们走来。他身穿酒红间银蓝色条纹的针织开衫，配上身后的三个“爱伦·坡”，让他看起来像是某个古怪乐队的主唱。他指了指前台上方《大教堂谋杀案》的封面海报。

“没有这几个孩子，这本书就不可能面世。”杰克对艾米莉和詹姆斯的家人说。

李先生双手搭在詹姆斯肩膀上，说：“要是我年轻时有这种运气就好了。不过即使运气降临在我头上，我可能也没有时间像你们一样去找东西，我母亲总有各种各样的‘正事’让我干。”

艾米莉好奇地看着李先生。他的脸上散发着自豪的光，但话语却带着自嘲的意味。其实她和詹姆斯能找到这本爱伦·坡的手稿跟运气没有半点关系。

詹姆斯注意到了艾米莉的表情，他像大人一样冲她耸了耸肩，仿佛在说：“又能怎么样呢？”

“好了，我们该开始了。”杰克搓着手，“在场各位都很想见见你们，深入了解你们的冒险故事。”

艾米莉和詹姆斯站得离对方更近了些，马修则昂首挺胸，做出一副斗志满满的架势。他总是时刻不忘为自己未来的摇滚生涯积累潜在粉丝。

杰克跳上位于书店前面的舞台，那里原本是橱窗的底座，今晚被临时改造成了一个小舞台。杰克走到一个装在架子上的白色屏幕旁，拍了拍麦克风，音响发出吱吱的声音。“大家好！”杰克的热情和他那高瘦的身形让艾米莉想起年轻时的格里斯沃尔德先生。想到这里，她心里突然涌出一种失望之情，这让她暂时忘记了紧张。她今晚最期待的就是能再次跟格里斯沃尔德先生见面，此前她跟自己的这位偶像只见过一面。

“欢迎来到霍利斯特无与伦比的书店！”杰克说，“霍利斯特，也谢谢您招待我们！”

人群顿时发出一阵欢呼，霍利斯特温和地冲大家挥挥手。

“格里斯沃尔德先生很想亲临现场，但无奈未能成行。所以让我们直奔主题——”杰克指向他身旁的屏幕，霍利斯特关掉了书店里的灯。屏幕亮了起来，上面浮现出格里斯沃尔德先生的脸——他往摄像机前凑近了一些，以至于他的无框眼镜、蒜头鼻和浓密的胡须填满了整个屏幕。接着，他又往后挪了挪，脸上带着微笑。

“大家好，寻书侦探们！”格里斯沃尔德先生跟大家打招呼，房间里顿时一阵欢呼。

3

艾米莉环视四周，分不清让她震惊的到底是这种澎湃的激情，还是因为不得不与这么多人分享格里斯沃尔德先生而生出的嫉妒之情。

“我恢复得很好，很高兴跟大家说说情况。”格里斯沃尔德先生说。去年十月，艾米莉一家搬到旧金山来的那一天，格里斯沃尔德先生在 BART（旧金山湾区轻轨系统）车站遭遇袭击，在医院住了好长一段时间。“不过，我现在还没办法参加派对，所以请各位原谅我留在家中。”

“非常高兴能跟大家介绍这本埃德加·爱伦·坡的新作。大家能读到这部作品，都要归功于那三位小朋友的机智和坚持。”格里斯沃尔德先生的话让艾米莉受宠若惊，嫉妒带来的刺痛顿时变成了自豪。听着格里斯沃尔德先生讲述这本书背后的曲折故事，人们纷纷向艾米莉、詹姆斯和马修投来敬佩的目光，但大家并没有强求他们发表讲话，这让艾米莉很是感激。

格里斯沃尔德先生举起一杯水，向大家祝酒："尽情欢乐吧！"随后视频画面戛然而止，欢呼和掌声也随之响彻整个书店。接下来灯光重新亮起，人们也各自交谈起来。

"我们去看看那张拼图桌吧。"詹姆斯说。

想到可以躲开众人的目光，专心研究拼图，艾米莉不由得松了口气。但他们正准备去拼图桌的时候，却被一个打扮成埃德加·爱伦·坡的人拦住了。

"能给我的书签个名吗？"

艾米莉和詹姆斯面面相觑。"我们？"艾米莉问。

"当然，"他说，"你们可是'寻书侦探'的名人呢！"

艾米莉接过书和笔，却仿佛突然忘了怎么写自己的名字一样，字母 m 的弯弧都挤到一块去了。意识到这一点之后，艾米莉赶忙集中精神，用自己能写出的最好看的花体字母完成了签名。艾米莉随后把书递给詹姆斯，詹姆斯也同样小心翼翼地在书上写下了名字。

詹姆斯刚把书递回去，又有一位戴橘色边框眼镜、别着"寻书侦探"胸针的女孩来到他们面前。"我也是布克中学的学生。"她柔声说。

詹姆斯打量着女孩。"你是不是我们科学课的同学？你叫米莎，对吗？"

"妮莎。"她说。

"对对，妮莎。抱歉我记错了。"

艾米莉接过妮莎递来的书和笔，正要在书上签名，这时妮莎突然说："能用密文签吗？"

"密文？"艾米莉不解地问。

妮莎点点头，艾米莉想了想，然后写下了 UNBWD 几个字母。詹姆斯签的则是 RTNUS。他们俩用的是同一种密文，这是他们俩之前一起商量出来的秘密语言。妮莎拿回书，小声地说了句"谢谢"。艾米莉看着她消失在人群中，心想学校里到底还有多少她不认识的寻书侦探呢？

人声嘈杂中，艾米莉和詹姆斯这两个名字被一遍遍提及，显然他们俩依然是人们关注的焦点。人们谈论着他们，纷纷看向他们。艾米莉觉得头晕目眩。

"我得去一趟洗手间，"艾米莉说，"很快就回来。"

艾米莉离开书店大堂拥挤的人群，走到书店后面的走廊，两侧书架上满满的书让她感觉舒服了不少。艾米莉停下脚步，开始在书架上寻找他们之前藏在这里的赫布书签。这款书签是用旧金山著名作家赫布·凯恩的肖像做的，她和詹姆斯非常喜欢在书店四处藏起这个书签——当顾客在书架间徜徉时，就可能会跟书后探出的赫布先生来个四目相对。书签依然在他们之前藏起来的位置，作家的鼻子和双眼从一套旧的《神探南希》精装书的上方探出来——他有一双和善的弯月形眼睛。艾米莉觉得他仿佛在安慰她："没事的，孩子。我也会因为人群而焦虑。"

艾米莉很想从书架上拿一本《神探南希》，然后跑到角落处那张她最喜欢的紫色软椅上安静地看书，把派对什么的统统抛在脑后，可她又不能丢下詹姆斯不管。尽管上厕所只是一个托词，艾米莉还是不情不愿地继续朝卫生间走去，然而当她走出走廊时，却惊讶地发现，那张她最喜欢紫色软椅竟然已经被占了。

尽管椅子上只是放着一个印花的大手提袋，但依然是被占了。

椅子旁边有一个男人背对艾米莉站着。艾米莉看到他时本能地向书架后方退了两步，定了定神才觉得自己这么神经质实在是有点傻。她又探头看了一眼，突然意识到那个男人有点眼熟。

“哦！”艾米莉不由得惊呼一声。

那是他们社会课的老师，基斯林先生。在这个签售会上见到基斯林老师，艾米莉并不觉得有多惊讶，因为早就知道基斯林老师也是“寻书侦探”的玩家，只是在学校和课堂以外的地方见到自己的老师感觉有点怪怪的——尤其还是在这种僻静的角落。大概基斯林老师也不喜欢人多嘈杂的地方吧？

艾米莉意识到如果基斯林老师发现她躲在一个书架后面，可能会误以为她是在窥视他。她得换个地方，以避免不必要的误会。艾米莉特意往前走了几步，打定主意万一真被基斯林老师发现就假装惊讶，不过当她再次看向基斯林老师时，却看到他先是警惕地左右张望一番，然后把手伸进了椅子上的手提袋。

这下艾米莉真的是在偷窥她的老师了，因为她无法移开自己的视线。基斯林老师究竟为什么会去翻一个明显不属于他的手提袋呢？

只见他从里面扯出一样又薄又小的东西——是钱吗？艾米莉看不清楚。基斯林老师快速扫了一眼手里的东西，然后就从旁边的走廊离开了，可能是回签售会会场了。

所以她刚才是目睹了自己老师偷东西的一幕吗？

艾米莉瞬间忘记了此前的紧张和焦虑，也忘了她原本是要去卫生间的，连忙返回会场去找詹姆斯。艾米莉找到詹姆斯时，他正在趴在桌上专心地玩着解谜游戏，艾米莉扯住他的手臂。

“詹姆斯！”艾米莉叫道。

“等等，我眼看就要把这个数独解出来了。”詹姆斯说。

“基斯林老师！”

“他在这儿？”

“就在那儿。”艾米莉说，她发现此时她的社会课老师正站在人群的边缘。他抱着胳膊，严肃又冷漠地四下打量着书店——平时看着学生们鱼贯进入课堂时他也是这种表情。

“我想我们应该过去打个招呼。”詹姆斯说。

“等会儿。”艾米莉再次抓住詹姆斯的手臂，把他拉回来，“我刚才亲眼看到他偷别人的东西。”

詹姆斯鼻子都皱了起来：“你说看到他干了什么？”

艾米莉左右看了看，确认附近没人偷听，才小声说：“偷东西。”

“基斯林老师？”詹姆斯摇着头，“不可能。他简直是全世界最守规矩的人。”

詹姆斯说得没错。他们的老师的确是个原则性极强、是非分明的人。如果不是亲眼所见，艾米莉也绝对不敢相信老师会做这样的事。

“我跟你说，后面有个不知是谁落在椅子上的手提袋。我看到基斯林老师从里面拿出了什么东西。”

詹姆斯皱起眉头。艾米莉知道他仍然半信半疑，便说：“那好，我们过去打个招呼。”

他们绕过一个穿着高领毛衣的男人，他正和一个头发灰白、马尾辫垂到腰间的女人激烈地争论爱伦·坡的死因；接着又穿过一群“寻书侦探”玩家，他们正热火朝天地聊着各自的寻书故事。等到詹姆斯和艾米莉终于走出拥挤的人群迷宫，来到先前基斯林老师所在的地方时，却发现基斯林老师已经不见了踪影。

“他去哪儿了？”艾米莉问。

他们四处张望。终于，詹姆斯找到了目标：“他在那儿。”

就在这时，一只手突然搭在了艾米莉肩头，吓得她跳了起来。原来是他们刚进书店时看到的那个记者。这位女记者就跟爱八卦的朋友一样靠过来，但抓人肩膀的感觉却似乎并不那么友好。“我刚跟你哥哥聊过，他可太有趣了！”举着摄像机的男人一脸无聊地站在女记者身后。

马修此时正站在书店的另一头，在朋友们的掌声中把葡萄扔向空中，再用嘴巴接住。看到这幅情景，艾米莉不用想也知道刚才哥哥肯定没说什么正经话。她转头顺着詹姆斯的指示看向基斯林老师所在的位置，发现他们的老师正穿过人群朝门口走去。艾米莉努力集中目光，想看清楚他手上拿的是什么。

“他肯定是你们的开心果。”女记者说。艾米莉一时不知道她是在说基斯林老师还是马修。

“你说我哥哥？”艾米莉终于反应过来。

“是的！他……”

女记者话音未落，外面忽然响起刺耳的警笛声。有那么一瞬间，艾米莉下意识地怀疑，是不是有人因为基斯林老师从手提袋里偷东西的事情报了警。不过很快就看到一辆消防车从书店外面经过，整个大堂都被灯光映成了红色，房间里瞬间安静了下来。不过，当警笛声逐渐远去之后，人们又重新交谈起来，声音比之前更大了。

女记者收到了一条短信。“好像是华盛顿广场着火了。”她对摄像师同事说。

“着火？”詹姆斯重复了一遍。

女记者一边用两个拇指飞快地打着字，一边喃喃地说：“不要着急，不要气恼，可能只是一件微不足道的小事情，但我们也不能随便放过——你永远不知道小事什么时候会变成大事。”然后她对摄影师说：“这里的工作差不多了。我们现在走吧。”

女记者说完便大踏步往前门走去，摄影师紧跟在后面。书店前的树上今天特意挂上了装饰的灯串，借着灯串一闪一闪的白光，艾米莉看到他们走过书店前面的橱窗。

窗户玻璃的边角处已经起雾，给人一种结了霜的错觉，尽管这个十二月末的夜晚并没有冷到结霜的程度。

艾米莉和詹姆斯重新去追赶基斯林老师。但基斯林老师眼看着就要走出正门，他们无论如何都来不及拦住他了。不过就在他们跑到距基斯林老师几米开外的时候，一个男人拦住了基斯林老师。他们听到那个男人说："布雷恩·基斯林？"

基斯林老师背对着他们，所以艾米莉看不到他的表情，但她听到他用一种平静又疑惑的语气回答了一句："是的。"基斯林老师两手背在身后，艾米莉看到他手里有个白色的东西一闪而过。那是否就是他从手提袋里拿的东西？基斯林老师看起来似乎是想把那个卡片状的东西偷偷塞到裤子后面的口袋里，结果不仅没塞进去，还掉到了地上，淹没在人群拥挤的脚步中。

"布雷恩，"那个男人对基斯林老师说，"是我，哈利·斯隆。去年九月，我们在'寻书侦探'的文学迷宫活动上重逢，我们很多年前一起教过书。"

艾米莉拍了拍詹姆斯的手臂，指向掉在地上的白色卡片。

只听基斯林老师说："哈利·斯隆？文学迷宫？"

詹姆斯伸出腿，用鞋尖踩住那张卡片，然后拉到自己这边。正当詹姆斯弯腰去捡那张卡片时，那个跟基斯林老师说话的男人——斯隆先生——突然往侧面探了探身子，双眼直直地看向艾米莉。

天哪，难道他们要被当场抓住偷自己老师的卡片吗？而那张卡片又是他们的老师从别人的手提袋里偷来的。艾米莉顿时感觉整颗心都提了起来，不过斯隆先生随后的话让她松了口气。只听斯隆先生说："别告诉我你竟然这么幸运，是这两个孩子的老师。"

詹姆斯连忙抓起那张卡片，趁着基斯林老师还没转过头的瞬间，一把塞进口袋。

"基斯林老师，见到你真高兴！"艾米莉几乎是喊出来的，声音比平时大了许多，表情也激动得多。詹姆斯讪笑着附和了两声。

"你知道这位先生去年秋天也是个名人吗？"斯隆先生说，"就跟今天的你们俩一样。"

"名人？"艾米莉问。她心里很是感激这个陌生人，让他们跟基斯林老师之间原本可能极其怪异或尴尬的对话变得正常了许多。

基斯林老师叹了口气："说是名人有点儿言过其实。"

"你总是这么谦虚，总这么谦虚。"斯隆先生拍了拍基斯林老师的胳膊。

基斯林老师皱了皱眉，眼睛望向门口。

"你们两个对文学迷宫活动熟悉吗？"斯隆先生说，"加里森·格里斯沃尔德用书打造了一个迷宫。你得走进去，找到并破解三个隐藏在迷宫中的谜题，然后在限定的时间之内出来。"说完，斯隆先生又轻轻晃了下基斯林老师的胳膊，"而你们这位老师则让所有参与游戏的人都相形见绌。当时你是花了多长时间通关的来着？十四分三十六秒？”

“差不多吧。”基斯林老师说。

“要知道第二名可是花了将近二十五分钟呢！我就差得更远了。”斯隆先生把手伸进口袋，掏出一个钱包，“布雷恩，去年九月重逢时我就跟你提过，现在我真的回来教书了。不过目前只是代课老师。”说完，他递过来一张普普通通的名片，“我可能之前给过你，不过我也知道名片很容易弄丢。”

见基斯林老师并没有伸手去接，斯隆先生把名片直接塞到了他手里：“如果哪天你需要找人代下课，可以打电话给我。”

“我身体好着呢。”基斯林老师答道。

斯隆先生低低地吹了声口哨：“那可说不准，你把自己卷进去了！”说完，他拍拍基斯林老师握着名片的手，“不要弄丢了，我的朋友。我什么科目都能教。数学、历史、英语……我最近刚考了 GRE，分数还很不错，连我自己都没想到呢。”

“不好意思，但我真的得走了。”基斯林老师收起名片，冲艾米莉和詹姆斯点点头，“祝贺你们俩，新年快乐。”

基斯林老师快步朝出口走去，斯隆先生转头看着艾米莉和詹姆斯，问：“是不是只有我，或者说只有我和他不喜欢这种派对？”

艾米莉和詹姆斯咧嘴一笑。“当然不是。”两人齐声答道。

斯隆先生冲他们眨眨眼睛，走进了人群。

“所以，”一走到人少的地方，艾米莉便立刻问詹姆斯，“那张纸片是什么？”

詹姆斯拿出卡片，两个人仔细研究起来。这是一张便笺卡片，正面画着一只鸟，拖着长长的尾羽，展翅欲飞。打开卡片，里面则是手写的字：

Remember the Niantic? I sure do. To figure out my message, that is your clue.

(还记得奈安蒂克吗？我记得。要读出我的信息，它就是你的线索。)

GTTSAJN AJ LTPQkJ WAFF ET
QWTTSTP kJMT WT'VT QkFVTB SIT
UJEPTRDREFT MkBT

Solve the puzzle and leave the solution with the next book, and maybe you will change my mind.

(解开上面的这个谜题，把答案跟下一本书放到一起，或许你能让我改变主意。)

“‘奈安蒂克’是什么意思？”詹姆斯问。

“我倒是对这段密码更感兴趣，”艾米莉说，“还想知道我们的老师为什么要从一个手提袋中偷这样一张卡片。”

“还有‘把答案跟下一本书放到一起’又是什么意思呢？”詹姆斯补充说。

“不好意思。”

艾米莉和詹姆斯抬起头，看到一个扮成埃德加·爱伦·坡的人站在他们面前。他低头看着他们，毛毛虫一样的胡子从嘴唇掉了下来。他捡起胡子，转身整理一番。当他再次转过头面朝他们时，胡子又恢复原状了，只是有点歪歪扭扭。“不好意思，我亲爱的孩子们。”他微笑着递过来一本书，但一说话胡子就又掉了下来，挂在下巴上。

艾米莉和詹姆斯在书上签了名，看着他挨挨擦擦地走向小吃桌。

“真是个奇怪的夜晚。”詹姆斯说。

“确实如此。”艾米莉说。

4

艾米莉从签售会回到家已经几个小时了，到了该上床睡觉的时候，可她却毫无睡意。幸好，詹姆斯也还没睡。

砰，砰砰砰，砰！

詹姆斯在楼上敲击地板的声音打断了艾米莉的思绪，她赶忙跑到窗边等着。窗户是开着的，詹姆斯房间的灯光透过窗子照出来，在对面那栋近在咫尺的楼房上投下一道狭窄的矩形光斑。过了一会儿，一个沙桶通过滑轮系统从楼上窗户降了下来。

一等到沙桶降到她能够到的高度，艾米莉便赶忙取出里面的东西——一张从笔记本上撕下来的纸，她和詹姆斯一直这样互相传递信息。纸上是一串手写的字母，用他们几个月前商量好的密码加密过。艾米莉之前曾把密码表抄在了笔记本上，不过现在她已经不需要一个一个对照着去解读了：

A	B	C	D	E	F	G	H	I	J	k	L	M
T	H	E	Q	U	I	C	k	B	R	O	W	N

N	O	P	Q	R	S	T	U	V	W	X	Y	Z
F	X	J	M	P	S	V	L	A	Z	Y	D	G

艾米莉很快就读出了詹姆斯的信息：

EPTEOUQ BV! "PUNUNHUP VkU

FBTFVBE" BS VkU OVDZXPQ

(Cracked it! "Remember the Niantic" is the keyword.)

（我知道了！“Remember the Niantic”就是关键词。）

关键词加密！艾米莉懊恼地叹息一声。她怎么就没想到呢？詹姆斯的纸条上没有写出破译后的信息，于是艾米莉只好自己动手，从头开始破译。她翻开自己的笔记本，从马尾辫中抽出一支铅笔——她总是把铅笔插在马尾辫里。

关键词加密密码也是一种替换式密码，跟詹姆斯和艾米莉之间用来传递信息的密码类似。艾米莉先写下一个常规的字母表，然后在下面写上“Remember the Niantic”，画掉里面重复出现的字母后，这句话就变成了“RembthNiac”。接着，艾米莉将这串字母按照次序抄写到常规字母表下面，从常规字母表的“A”开始一一对应，并按照常规字母表的顺序补全后面缺少的字母，便得到了一个密码对照表：

A	B	C	D	E	F	G	H	I	J	k	L	M
R	E	M	B	T	H	N	I	A	C	D	F	G

N	O	P	Q	R	S	T	U	V	W	X	Y	Z
J	k	L	O	P	Q	S	U	V	W	X	Y	Z

现在艾米莉只需要对照这个密码表，就能读出那段加密信息了。艾米莉再次翻出基斯林老师的纸条，找到那段加密文字：

GTTSAJN AJ LTPQkJ WAFF ET
QWTTSTP kJMT WT'VT QkFVTB SIT
UJEPTRDREFT MkBT

艾米莉对照着密码表，缓慢地大声读出这段信息：“Meeting...in...person...will...be...sweeter...once...we've...solved...the...un...breakable...code.（既然我们已经破解了那个无法破译的密码，直接面谈可能会更好。）”

“无法破译的密码？”艾米莉重复了一遍。

再没有比听到“无法破译的密码”更能引起艾米莉兴

趣的了。她只感觉身上起了一层鸡皮疙瘩,像过了电似的。每当她被某本书深深吸引,沉醉其中时,便会泛起这种感觉。有次她正如痴如醉地读着《当你找到我》,父母叫她吃晚饭,但她硬是坚持读完整本书之后才去扒拉了几口冷掉的意大利面。

只不过,这一次让她沉醉的不是书。没有任何书或者资料能告诉她所谓的"无法破译的密码"究竟是什么。

这时,楼上传来詹姆斯兴奋的声音:"你绝对猜不出奈安蒂克是什么!我在网上查到了。"

艾米莉把头探出窗户,对着一片黑暗说:"不是说用桶传递信息时不能说话吗?"

"这个发现太令人震惊了,我忍不住想直接告诉你。"詹姆斯回喊道,"你猜奈安蒂克是什么?"

艾米莉想不出什么能让詹姆斯如此兴奋:"超级电脑?外星人留下的密码?"

港口那边响起了低沉的雾角声,打破了城市夜晚各种嘈杂汇成的白噪音。艾米莉等着詹姆斯的回答。过了好一会儿,只听詹姆斯略带失望地说:"对哦,如果是外星人留下的密码就更酷了。"

艾米莉不禁气得冷哼一声:"快点说你查到了什么。"

"奈安蒂克其实是一艘埋葬在这座城市地下的旧船。"

"有船沉埋在旧金山的地底下?"

"根据维基上的说法,旧金山的地底下埋葬着将近五十条船呢,都是淘金热的时候来的。"

“真的吗？”艾米莉在脑海中想象着，旧金山的地下有一个巨大的洞穴，奇形怪状的钟乳石从洞顶悬垂下来，洞里横七竖八地停满了海盗船。但詹姆斯说的是“埋葬”而不是抛弃，所以那里可能更像是一个船的坟墓。

“那为什么要把这些船埋在地下呢？”艾米莉问。

“这个我也不清楚。维基上说梅森堡那边的一个博物馆收藏着奈安蒂克号的一部分残骸。”

“你觉得我们在这个博物馆能找出更多信息吗？”艾米莉问。

这时，隔壁房子的一扇窗户突然被人推开，在安静的夜空发出刺耳的响声，艾米莉不由得愣住了。只听一个男人大吼：“你们知道现在是什么时间吗？”

“对不起。”艾米莉和詹姆斯异口同声地说。

窗户吱呀一声又关上了，两人在被当场斥责的尴尬中沉默良久。

最后，艾米莉在纸上草草写下一条信息给詹姆斯：

ZTFV VX EkUEO XLV VkU
FBTFVBE VXNXPPXZ?
(Want to check out the Niantic tomorrow?)
（明天要不要去打探奈安蒂克号的事？）

然后，艾米莉把纸条放回沙桶，将其拉了上去，每拉一下滑轮就吱嘎响一下。艾米莉知道詹姆斯很快就会给她回复，所以她就站在窗子旁等着。果然，没过两分钟就有纸条传递了下来。

DXL OFXZ BV!

(You know it!)

（那还用说！）

5

菲尼克斯坐在一家餐厅里，餐桌上点着杯状蜡烛，他拿着一个空的砂糖纸包，来回在蜡烛的火焰上挥舞着。过来，过去，过来，再过去。他全神贯注地盯着蜡烛的火焰，看着它一次又一次试图点燃飞来的糖包，却又总是眼睁睁看它跑掉。

“现在不行，”他斥责道，“什么时候喂你由我决定。”

这个把火焰当作宠物的小笑话似乎令他很满意，他笑了笑，把视线转回吧台后面的电视机屏幕上，手里却依然拿着糖包对着火焰来回比画着。

电视上，一位女播报员正站在华盛顿广场前报道着什么。菲尼克斯听不见她的声音，但显然她是在谈论他放的那把火。菲尼克斯胃里突然泛起一种不舒服的感觉——他讨厌这种感觉。“如果你真的相信自己比别人聪明，”一个假想的声音小声说，“为何还要如此拼命地证明给别人看？”

眼下似乎还没有人把这场大火跟他联系起来。这是件好事。难道不是吗？菲尼克斯心里不禁闪过一丝疑虑，但他随即便攥紧了拳头，一拳砸在糖包上。只有弱者才会自我怀疑。他已经制定了计划，并且会坚定地执行下去。

“是我控制你。”菲尼克斯对着蜡烛的火焰小声说。他把糖包放到火焰上点燃，几乎可以听到火焰咝咝吞噬纸包的声音。糖包的边缘在火焰的烧灼下逐渐卷曲，变成棕色，再转为黑色。接着菲尼克斯把还在燃烧的纸包残骸直接扔进了蜡烛杯里，任由它逐渐萎缩、熄灭。

这时，女服务员拿着账单过来了，看到烛台里黑色的纸灰，显得很是好奇。

“紧张时的小毛病。”菲尼克斯解释道。

女服务员帮他清理了杯盘。“我紧张的时候会咬指甲。每个人都有自己的怪癖。”

6

第二天一早，艾米莉和詹姆斯便出发前往海事博物馆。趁着早上吃燕麦片的时候，艾米莉在网上搜索了一下“无法破译的密码”的相关信息，结果搜出来一堆各种各样的“未解之谜”，比如困扰联邦调查局（FBI）多年的麦考密克密码、中央情报局（CIA）总部广场的克莱普托雕塑之谜之类的，大多都是些捕风捉影的说法，艾米莉也不确定这些结果里有没有基斯林老师的纸条里提到的那个“无法破译的密码”。不过，艾米莉还是有种大开眼界之感，她还是第一次知道世界上竟然有这么多的未解之谜。

出门后，他们沿着陡峭的街道一路往下，一直走到渔人码头。最后一个陡坡实在是太陡峭了，以至于当他们到达陡坡脚下时，脚步已经不可控制地变成了狂奔。远处，一艘仿佛是从海盗电影中开出来的大船，停泊在海德街码头的尽头。这艘船停在这里已经很久了，艾米莉刚搬到旧金山时就看到过它，但这一次感觉却跟之前截然不同了。

“你觉得奈安蒂克号有没有这艘船这么大？”艾米莉问詹姆斯。

“可能吧。”他说。

真的很难想象城市的地下沉埋着这么大的船，更何况还是五十艘。

海事博物馆是一栋白色的灰泥建筑，有着弯曲的墙角和舷窗形状的窗户，看起来仿佛是一艘游轮。走进博物馆，首先是一间大大的开阔房间，里面满是玻璃展览柜和帆船模型。从展厅落地窗向外望去，可以看到一条狭长的海滩，还可以看到海湾里的恶魔岛和它背面的一个更大的岛。

奈安蒂克号沉船的遗迹其实就是一段木梁，上面残留着绿锈斑驳的铜片。那木梁足有艾米莉和詹姆斯两人伸长双臂加起来那么长，并且非常细，差不多只和艾米莉的肩宽相当。艾米莉努力想象着，这样的木梁会是那艘大船上的哪个部分。

通过博物馆的展览介绍，艾米莉惊讶地了解到，原来在淘金热时期，许多东海岸的美国人为了到西海岸追逐淘金梦，不惜一路乘船绕过南美洲。按照艾米莉此前的想象，那时的人们应该都是乘着大篷车一路向西的。当然这也事出有因，艾米莉七岁那年，他们一家从纽约搬到南达科他州时，就是一路开着车，听着《草原上的小木屋》。艾米莉一路上想象他们一家人正挤在大篷车中，前往广袤的西部。在那漫长而乏味的旅途中，这样的想象也算一种不错的消遣。

艾米莉还了解到，乘船来到旧金山的不仅有来自东海岸的淘金者，也有很多来自其他国家的人，比如墨西哥、秘鲁、智利和中国。

“这些船是怎么被埋到地下的？”艾米莉大声问。

“填埋。”一个女人的声音从房间那头传过来。艾米莉和詹姆斯扭过头，看到一个衣着得体但身高并不比他们高多少的女人。她头发灰白，除了没有立在头顶的史蒂夫，发型几乎跟詹姆斯一模一样。女人从展厅另一头走过来，她的右脚打着石膏，每走一步都很费力。

“那一带以前都是海。”女人一边走，一边冲他们身后的地图用手指画了个圈。从地图上可以看出，与淘金热时期相比，旧金山湾如今的海岸线向外扩展了不少。这名讲解员走到地图前，用食指在旧金山的旧海岸线轮廓外围几公里的一块地方，画了个椭圆形的圆圈。

她拍了拍地图。“这块区域叫作耶尔巴布埃纳湾。”她说。

“那不就是如今旧金山城区所在的位置吗？”艾米莉问。

“没错。”讲解员回答。

如今的旧金山城区已经盖满了各种摩天大楼和高层建筑。想到那些高大的建筑底下曾经是一片汪洋，会莫名有一种摇摇欲坠的不安感，仿佛那些退去的海水终有一天会找到某种办法，回到它原先所在的地方，并摧毁一切。

詹姆斯指向地图的另一个区域：“还有北海滩。”

“怪不得！”艾米莉说，“我以前总是想不通，为什么那一片明明没有海却被称为海滩。原来一百五十年前那里曾经是大海。”

詹姆斯仔细看了那地图一会儿。“真没想到还可以这样，”他说，“竟然可以把一整个海湾填平，仿佛填埋游泳池一样微不足道。我很好奇，除了那些捕鲸船，这座城市下面还埋葬着什么东西呢？”

“埋葬”这个词让艾米莉想到死去的人：“说不定下面有尸体呢。”

詹姆斯跟着思忖起来：“已经过去一百多年了，所以即便有，也无法保存到现在。不用担心会有僵尸，像游戏《僵尸启示录》那样。”

讲解员不禁笑出声来：“《僵尸启示录》，这个想法不错。下次解说的时候我就用这个。”

“不过那些船为什么会被埋葬呢？”艾米莉问。

“这个嘛，”讲解员交叠着双手，“首先要明确的是，旧金山的人口是在发现金矿的消息流传开之后才开始激增的。在此之前，这片地方人烟稀少，根本算不上城市。那时的旧金山也缺乏基础设施——没有住房、道路，也没有可以运送人员和物资的铁路。绝大多数东西，不管人还是物品，都是通过船运抵达这里的，而旧金山湾就是来往船只的主要出入口。知道那有多疯狂吗？”女讲解员敲了敲一幅黑白照片，上面可以看到海湾里满满都是船只的桅杆。“那就是耶尔巴布埃纳湾。据说人们可以从一艘船跳到另一艘船，用这种方式一直走到海湾对面，可以想象当时的海湾有多么拥挤。

“那时经常有船只被抛弃。船员们急于去寻找金子，一靠岸便迫不及待地抛下船只，赶往金矿所在的地方。那些被弃之不顾的船，有的遭到拆解，有的则被拖到陆地上，改造成商店和旅馆。奈安蒂克号就属于后一种情况。

“为了方便船舶出入，人们开始修建码头。于是码头与码头之间的浅水滩渐渐就被填满了。那是最适合开发的土地，方便船只装卸货物。海滩沿线也随之发展成这座城市的商业中心。”

“那这些与一个叫作‘无法破译的密码’的东西有什么关系吗？”詹姆斯问。

听到这个问题，女讲解员惊讶地瞪大了眼睛，拖着受伤的右脚后退了一步。

“哦，不——我不会谈论这个话题。不，不，不。不能跟你们两个小孩子说这些。”

艾米莉望向詹姆斯。是他们做错什么了吗？明明刚才还聊得很开心呢。

“你们俩没必要去掺和那个古老的密码。”讲解员又说。

“为什么？”艾米莉问。

“因为它被诅咒了。”

7

“诅咒？”艾米莉和詹姆斯不约而同地重复了一遍这个词。

“它会造成火灾，大家都这么说。它躲过了 1851 年那场摧毁奈安蒂克号的火灾，后来……”讲解员摆了摆手，“我说的已经太多了，这些事压根儿提都不该提。你们应该多看看这些从奈安蒂克号上出土的文物。”

她指向地板上一个盖着玻璃板的大洞，里头满是污垢、发黑的瓶子和看起来像鹤嘴锄的工具。“这里还原的是 1978 年的发掘现场。而那些物件都是从船上找到的实物……”

艾米莉满脑子想的都是那个“无法破译的密码”，女讲解员的声音变成了遥远的背景音。听说这是一个被诅咒的密码之后，她反而更加好奇了。但同时她也已经看出，这个女讲解员确实不会再向他们透露更多东西了。正当艾米莉打算离开时，一幅照片突然吸引了她的注意力。那是一系列展示1978年发掘现场的照片：现场是一大块被办公楼围住的污泥地，参与发掘的工作人员大概有十来个，无一例外都穿着那时流行的喇叭裤。照片都是抓拍的工作场景——他们正用铲子挖着什么东西，或是正三三两两聚在一起讨论着什么，还有的是正在巡视发掘工作。

但真正让艾米莉在意的是其中的一张合影：一个男人，准确地说是一个少年，揽着一个少女的肩膀。少女脸上带着笑，少年微微侧头，向女孩微笑着。背景里的另一个男孩则斜视着镜头，仿佛不确定自己是否会被拍到。

“詹姆斯，看。”

“那些是过来帮助海事博物馆开展发掘工作的志愿者。”讲解员说。

“他也是我们的社会课老师，”艾米莉说。

“是吗？”詹姆斯凑过去，“基斯林老师？”

“你看标题。”

标题上写的是“志愿者布雷恩·基斯林和米兰达·奥利达帮助海事博物馆开展发掘工作”。

“米兰达·奥利达？真有人叫这样的名字吗？”詹姆

斯说。

“咱们的老师参与了这次历史性的发掘工作，多么难得的事情！但你关注的却是他女朋友的名字，你是认真的吗？”

“你怎么知道那是他女朋友？”詹姆斯看着照片说。

“他们看起来似乎……像是男女朋友。我是说，他看她的眼神。你见过基斯林老师用这种眼神看任何人或东西吗？”

“可能这么看过……三明治？好吃的三明治？”

讲解员摇摇头，笑起来。“你们俩今天差不多该回去了。”

通过这趟海事博物馆之行，艾米莉虽然收获了很多新的信息，但与“无法破译的密码”相关的却一无所获。艾米莉在关键词中加上“火灾”“诅咒”两个词，但还是没有搜索到什么有用的信息。接下来的两天，艾米莉和詹姆斯面对这个密码仍然一筹莫展。

“至少我们现在知道它确实存在。这就不错了。”艾米莉说。两个人坐在前廊，等着哥哥马修收拾妥当。他们正准备去市中心参加第一次寻书侦探少年顾问会。“你觉得基斯林老师会不会早在 1978 年参与奈安蒂克号的发掘工作时，就知道‘无法破译的密码’的事情了？”

“也许吧。”詹姆斯说，“但讲解员曾经提到这个密码在1851年船上失火时幸免于难，说明它并不是后来才被挖掘出来的。”

这让他们稍稍松了口气。尽管他们仍然不知道那个“无法破译的密码”究竟是什么，艾米莉却越来越希望自己能成为破译这个密码的第一人。再想想连他们那位解密专家基斯林老师穷尽三十余年都没能解开，她就更加兴奋了。

“回学校后我们也可以去请教一下基斯林老师呀。”詹姆斯说。

艾米莉冷哼一声。“真是个好主意，你肯定能问出不少好东西呢。”艾米莉捏着鼻子用尖细的声音说，“啊，基斯林老师？我们看到你在签售会上偷东西，不过后来你又不小心弄丢了，被我们捡到，还破译了你的密信，知道你掌握了一些有关‘无法破译的密码’的信息。你具体知道些什么呢？能不能告诉我们？”

詹姆斯听了不禁大笑起来：“嘿，基斯林老师不是经常说嘛，‘世界上没有愚蠢的问题’。”

“我想他说的应该是‘世界上没有愚蠢的问题，只有没过脑子的问题’。你的提问极有可能会被归为后一种。”

这时屋子正门打开了，马修也来到前廊上。“我已经准备好当一个书呆子了。”他大声宣布道。

艾米莉站起身，细细打量马修的装扮。马修的头发还保持着上一次为签售会染成的黑色，只不过这一次头发不再根根直立，而是向后梳得整整齐齐，一副精英学生的模样。他戴着一副黑色厚框眼镜，身上的T恤上写着“我喜欢大部头的书，不骗你”。

“哦——不是吧。”艾米莉无奈地叹息一声。

“被我的帅气惊呆了？”

艾米莉捶了马修一拳作为回应。

他们沿着坡道一路向下，准备去公交车站搭乘进城的公交车。他们穿过一条繁忙的街道，走过绿荫笼罩的华盛顿广场，教堂的钟声也正好在这时响了起来。

“那里发生什么事了？”艾米莉问。

一棵大树下面，一片区域被围上了警戒线。远远看去会误以为警戒线内的区域是一片树荫，但实际上却是一片被烧焦的草地。在烧焦的灌木丛残迹中间有一条长椅，椅子的一端也被烧成了黑色。微风吹过，大树窸窣轻响，一片绿叶飘落到烧黑的草地上，显得格外刺眼。

“看起来是发生了火灾。”詹姆斯说。

三个人穿过街道，继续往公交车站走，艾米莉却忍不住回过头去看那片烧焦的草地。她经常从那里经过。那里有时候热闹嘈杂，挤满了来参加艺术节的人；有时候却安静清幽，人们或坐在长椅上休息，或悠闲地活动身体。而现在它却变成了一块触目惊心的伤疤，这不禁让艾米莉感叹，那些你习以为常的东西可能转瞬间便面目全非。

8

抵达贝赛德出版社之后，艾米莉一行三人在保安的陪同下签了到，然后按下了去往六楼的电梯。电梯徐徐上升，三个人谁也没有说话，艾米莉出神地思考着寻书侦探少年顾问委员会的事情。自从格里斯沃尔德先生一个月前邀请他们为“寻书侦探”成立一个少年顾问委员会以来，她和詹姆斯就一直绞尽脑汁，希望能帮忙构思出一个更酷的格里斯沃尔德式的游戏活动。艾米莉希望这能成为他们为“寻书侦探”作出的第一个贡献。

电梯门缓缓打开，映入眼帘的是一个酒红和银蓝色的世界。大厅的墙壁和地毯都用贝赛德出版社的官方色彩进行了大胆装饰。接到前台的通知，杰克来到电梯口迎接他们，今天他穿的是一件带蓝色衣领的酒红色毛衣。

“是格里斯沃尔德先生让你穿成这样的吗？”马修问。众所周知，加里森·格里斯沃尔德的衣着颜色总是与出版社的官方色保持一致。

杰克大笑起来。“是我自己觉得今天应该赶一下时髦而已，顺带还可以发扬一下团队精神，你不觉得吗？而且这颜色和我的肤色也挺相衬的。”杰克一脸拘谨地摆了个模特的姿势，然后带着他们穿过大堂。

这是艾米莉第三次来格里斯沃尔德先生的办公室，不过她和格里斯沃尔德先生此前却只见过一面。尽管对艾米莉来说，格里斯沃尔德先生已是她再熟悉不过的人物，她曾无数次见到过他——在“寻书侦探”活动的视频里，在报纸上的文章中，或者别的“寻书侦探”用户上传的照片里。当她第一次真正见格里斯沃尔德先生的时候，他跟艾米莉想象中的一样温和，穿得色彩斑斓，尽管当时他才刚出院不久。

走到走廊时，杰克伸出一只手拦住他们。

“我还是得先告诉你们几个……”杰克纠结地抓着自己的头发，看起来像留了个莫霍克发型，“格里斯沃尔德先生虽然已经好多了，但是……距离完全恢复还很遥远。他的身体已经恢复得差不多了，但去年秋天的事件……只能说，让他很不安。当然，这也是意料之中的事情。”说着，杰克勉强笑了几声，又不自然地收了回去，“我只是不想让你们失望，如果说他今天表现得不太对劲的话，那不是你们的错。相信我，他很高兴你们能来，而且我觉得看到你们对他而言也是一件好事。他只是需要一些时间来找回以前的自己。”

“找回以前的自己？”艾米莉在腰间擦了擦手，然后把手插进连帽衫的口袋中。她突然有点儿恍惚，不知道等一下杰克打开门后见到的会是谁。杰克的手刚握住门把，门的另一边突然传出三声深沉的犬吠声，接着又是一声尖锐刺耳的叫声，吓得艾米莉险些跳起来。

“狗？”艾米莉和詹姆斯面面相觑。

“准确地说是服务犬。”说到“服务”这个词的时候，杰克用手指做了一个引号的手势，“它们不会伤人的。”

杰克打开门，立刻有两只狗跑了出来：一只狗很瘦，毛是棕色的，差不多有艾米莉胸口那么高。另一只的个头则小一些，白色的毛，有些脏兮兮的。

“哟哟！”艾米莉和詹姆斯试着向它们打招呼。马修则弯下一条腿的膝盖，伸出一只手，嘴里发出啧啧的声音，但两只狗却对他视而不见。大的那条呈8字形绕着他们转，小的则在门口停住，敷衍地叫了两声，然后又跑回了屋里。杰克冲大狗发出嘘声，示意它返回屋内，却引得它更加兴奋地绕起了8字。

“克劳斯。”屋里传来格里斯沃尔德先生的声音。听到主人叫它，狗狗的耳朵立刻竖了起来，转身跑回了房间。

格里斯沃尔德先生的办公室很宽敞，光线充足，透过落地窗，渡轮大厦钟塔周围的摩天大楼和海湾景色尽收眼底。窗前的埃德加·爱伦·坡半身像上依旧挂着那条金兔项链。书架上依旧摆满了玩具和拼图，当然还有书。那个满是坡道、滚筒以及其他传动装置的玻璃盒也依然在不知疲倦地来回搬运着小石球，不时发出清脆的叮叮声。

办公室的一切都和从前一模一样，唯独格里斯沃尔德先生不一样了。十一月见面时，格里斯沃尔德先生跟艾米莉记忆中的形象基本别无二致。可现在，这位出版界的传奇看上去却是如此虚弱，穿着宽大松垮的毛衣和睡裤，脸色苍白又疲惫。尽管杰克事先提醒过，可亲眼看到自己的偶像变得这般无力和普通，还是让艾米莉既惊讶又伤心。

格里斯沃尔德先生似乎看出了他们的惊讶，他几乎是以一种道歉的口吻说："平时穿的衣服没有现在这些舒服。"他又对杰克说："我想我的起居服也应该更鲜艳一点，是不是？"

"你看起来状态不错，旧书哥们儿。"马修说。艾米莉向来反对哥哥这么称呼格里斯沃尔德先生，但还没等她反驳，格里斯沃尔德先生却笑了起来，仿佛觉得马修几个月前给他起的这个外号很有趣。

"你们见过我新养的宠物了吗？"那条大狗吃完格里斯沃尔德先生手里的东西后，还在继续舔着他的手掌，"这条叫克劳斯，小的那条叫安琪儿。"

此时，安琪儿正蜷缩在角落里的一个篮子里，毛茸茸的眉毛一边挑起，以一种狐疑的神情审视着房间。克劳斯吃完主人给的东西，趾高气扬地走到沙发处，小心翼翼地咬住一个抱枕的角，然后叼着抱枕昂首阔步地跑开，仿佛在炫耀某个新得的奖杯。

"看来克劳斯喜欢想象自己在游行。"格里斯沃尔德先生说，脸上的胡子也随着笑容起伏颤动。

大家都大笑起来，感觉轻松了不少，好似一阵微风把新鲜空气带进了房间。

“那些是摄像机吗？”詹姆斯指着天花板上用透明的圆形塑料罩罩着的亮黑色设备。

格里斯沃尔德先生点点头。“新添的东西，自从……”话还没说完，他便摆了摆手，“眼下这世道，多小心都不为过。说起来，你们三个可能会对这个东西感兴趣——我知道你喜欢电子设备，詹姆斯。”格里斯沃尔德先生撑着拐杖走到房间另一侧，打开了一排书柜，一个密室出现在他们面前，里面摆满了电脑设备。艾米莉抬脚走了进去，各种设备嗡嗡作响，仿佛有一堆看不见的机器蜜蜂在绕着她四下翻飞。四台崭新的监控屏幕上实时播放着黑白的监控影像，分别是格里斯沃尔德先生办公室，贝赛德出版社前台招待区，还有看起来像是公寓楼入口的地方，以及一个屋顶的露台餐厅。“这是为了让我能实时了解出版社和家里的情况。”格里斯沃尔德先生解释道。

“哇哦……”艾米莉忍不住惊呼。

“是不是觉得有些恐怖？”

但吓到艾米莉的并不是这些设备。看门狗、监控摄像头——一想到格里斯沃尔德先生的生活可能随时面临风险，再一次给他的人身安全和精神状态造成损伤，艾米莉就忍不住担心。

参观一番后，他们退出小房间，格里斯沃尔德先生重新将书柜关上，一瘸一拐地走回沙发长椅旁，慢慢坐下。克劳斯叼着抱枕跑过来，歪着脑袋依偎在他膝头，喉咙里发出呜呜的声音，嘴里继续咬着抱枕的角。

“它看起来似乎很可怕，但其实特别乖。”格里斯沃尔德先生说着摸了摸克劳斯的头。

窝在篮子里的安琪儿发出闷哼声，似乎在表达同意，随后又把头放在爪子上继续趴着。

“现在我们来聊聊少年顾问委员会的事吧！”格里斯沃尔德先生微笑着说道，“我想组织这个委员会已经有一段时间了。你们这些年轻朋友的观点对‘寻书侦探’来说弥足珍贵。”

艾米莉立刻想到，对于现在的格里斯沃尔德先生来说，他们的想法和灵感或许有着特别的意义，说不定能帮他重新振作起来，恢复往日的神采。于是她立刻跳起来：“我们对此非常期待。詹姆斯和我已经构思出了一个方案。我们觉得可以举办一场障碍越野比赛，场地就在金门公园一带……”

“比赛过程中还会有拼图站，”詹姆斯补充说，“参赛者需要先抵达一个拼图站，完成拼图，然后沿着水泥滑道溜下来，赶往下一个拼图站……”

“接着还要坐上脚踏船穿过史托湖去往下一个拼图站。”

马修之前没有参与他们的头脑风暴，这时也在一旁跟着点头：“比赛结尾当然还要来个现场演唱会！不知道请Flush乐队演出要多少钱呢。”

格里斯沃尔德先生饶有兴味地听着，眉毛挑得老高。“哦，亲爱的孩子们。”最后他说，“当然，你们的计划听起来如此令人期待。换作以前……我可能早就付诸行动了。”格里斯沃尔德先生叹了一口气，“可那些日子已经一去不复返了。那些精彩的比赛和活动确实让人开心，但……”格里斯沃尔德先生满面愁容地摇摇头，他皱着鼻子，连带胡子都蜷成了一团，好似尝到了什么酸涩的东西一般。

“哦。”艾米莉失望地从喉咙里挤出一个字。格里斯沃尔德先生不想再像从前那样举办盛大的活动，也是情有可原。可是他怎么能忍心就此抛下过去的一切呢？她想起了格里斯沃尔德先生上传到“寻书侦探”网站上的一个视频，视频记录的是一次反串版的彩蛋寻宝的活动。参赛者们穿上充气的蛋形服装，打扮成彩蛋，拎着篮子满公园寻找事先藏好的书，找书的过程中不时撞成一团。视频里的格里斯沃尔德先生那么开心，笑得几乎说不出话来。显然，策划这样的活动让他无比满足。艾米莉能够理解他如今的恐惧，可那是他生命中无比重要的一部分啊，怎么能说放弃就放弃？

这时杰克插话进来。“关于少年顾问委员会，我们的想法是，你们可以先从网站的运营更新做起，创作一些新内容，比如一些专题图书推荐或者寻书小贴士。我们还希望你们能担任网站管理员，帮助营造和维持积极融洽的气氛。我们也希望你们能帮忙打理论坛，比如清理无效的线索，删除挑衅的垃圾帖，等等。”

杰克说话的时候，格里斯沃尔德先生有节奏地抚摸着克劳斯的脑袋。狗狗已经睡着了。

"哦，当然可以！"艾米莉强装兴奋地回答道。她和詹姆斯构思的趣味障碍赛应该是个好主意，或许等过段时间格里斯沃尔德先生重新振作起来，就会和他们一起举办这个活动。

就少年顾问的责任义务讨论了一阵后，詹姆斯说："嘿，格里斯沃尔德先生，你知道你的办公楼下面可能埋着一艘旧船吗？"

格里斯沃尔德先生微微一笑："事实上，我知道。我想你们应该听说过，旧金山有一部分市区是建在垃圾填埋场上的吧？"

"垃圾填埋场？类似于垃圾堆吗？"马修走到窗边，仿佛能从窗外找到证据似的。

"那你听说过'无法破译的密码'的事吗？"艾米莉问。她身子前倾，热切地等待格里斯沃尔德先生的回答。如果格里斯沃尔德先生知道那些被沉埋的船只，或许也知道一些关于这个密码的事。

"无法破译的密码？"格里斯沃尔德先生盯着自己放在克劳斯脖子上的手。

"那不是'马克·吐温密码'吗？"杰克说。

艾米莉和詹姆斯讶异地望向杰克，又看向对方。

"作家马克·吐温？"艾米莉问。海事博物馆的讲解员压根儿没有提到过马克·吐温。当然，她本来也不愿告诉他们跟这个密码有关的事。

格里斯沃尔德先生仍旧盯着睡着了的克劳斯，但杰克却激动地点头："没错，没错，具体细节我就有点儿记不清了，但我记得以前听过相关的事情。你们可以到中心图书馆查查看，那里有原始文件。"

"'无法破译的密码'在图书馆里?!"艾米莉和詹姆斯交换了一个略带羞愧的眼神。他们花了整整两天的时间争论这个密码到底是什么，还在网上胡乱找了那么多东西，就是没有想到去图书馆打听一下。

"你们得到历史区去找找，"杰克回答说，"不过，我很肯定就在那里。"

"我们马上就去。"艾米莉说。

9

告别格里斯沃尔德先生和杰克之后，艾米莉、詹姆斯和马修立即坐上公交车，一路沿市场大街前往中心图书馆。

“杰克压根儿没提火灾诅咒的事。”艾米莉提醒道。

“也许是那个讲解员在编故事吓唬我们。”詹姆斯说。

“火灾诅咒是怎么回事？”马修问。

于是艾米莉和詹姆斯跟马修讲了一遍在海事博物馆的遭遇——当他们问到“无法破译的密码”时，那个女讲解员反应很奇怪，并且告诉他们这个密码会引起火灾。

“她说这个密码逃过了 1851 年的那场火灾。也就是说，它的历史起码已经超过一百七十年了。这么长的时间里都无人能够破译，要是被我们成功破解了，该有多酷呀！”詹姆斯不禁感叹。

马修不以为然地把耳机塞进耳朵。“你们总是为这种奇奇怪怪的事兴奋。”

中心图书馆是一栋混凝土建筑，有很多银灰色的格子窗，一眼看上去好似一张方格稿纸。所以艾米莉走进图书馆采光充足的开阔大堂，看到高悬在头顶的圆形天窗时，不禁惊讶不已。艾米莉四处张望，打量着每一层的走廊。每一条走廊和门都通往图书馆不同的分区。要不是肩负寻找“无法破译的密码”的任务，艾米莉真想随便找个地方好好逛上一逛。

找到通往历史区的路后，艾米莉本以为可以像在别的图书馆那样，自由地在书架间徜徉，悠闲地随意翻阅，没想到却在前台被图书管理员拦住了。

“我能帮你们找些什么呢？”女图书馆管理员的名牌上写着“蕾佳娜·林登”，她的穿着打扮和艾米莉印象中图书管理员的大相径庭。让艾米莉最诧异的是，这位图书管理员黑色的马尾辫中居然露出几绺挑染成绿色的头发，因为她显然并不年轻——虽然不算特别特别年老的那种，但至少也接近老年了。而在艾米莉印象里，把头发染成彩色是只有青少年或大学生才会做的事，林登女士显然早已过了那个年纪，她甚至比艾米莉的父母还要老一些。此外，从衬衫的袖口隐约可以看到，她的前臂还有一片文身。

“好酷的胳膊。”马修也发现了她手臂上的文身。

“谢谢。”林登女士微微一笑，顺势把衣袖往上卷起来一些，向他们展示手臂上的文身图案。那是一个由很多元素拼接成的复杂图案，艾米莉像玩“找找看”游戏一样努力分辨，也只能看出其中有花、羽毛、闪电，还有一只猫咪。

艾米莉觉得她恐怕得花一个小时才能认清到底都有哪些图案。不过其中最显眼的是一架飞机，拉着一条横幅，上面写着："告诉我，你打算用你狂野而宝贵的生命做些什么？"

"是不是非常发人深省？"林登女士问，"这是诗人玛丽·奥利弗的名句。所以能不能请你们告诉我，"她手指交叉握在一起，好似在祈祷，手指则指着他们，"你们打算用这狂野而宝贵的……参观经历来历史中心做什么呢？"

艾米莉局促地笑着，詹姆斯则不安地扭着身子，林登女士的活力和大胆让他们有点儿不知所措，都在等着对方先开口。

"他们想看看'无法破译的密码'，"马修说，"我只是顺路陪他们过来。"

林登女士听完眼神一亮。"你们是寻宝猎人，对吗？那你们肯定会喜欢这个。"说着，图书管理员扬起脖子，向他们展示挂在自己项链上的一个模样奇怪的硬币，"这枚硬币是我在佛罗里达州海岸的一片沉船区潜水时找到的。"

"哇！"艾米莉和詹姆斯几乎同时脱口而出。马修则懒懒地倚着柜台。"你会潜水？"他说，"我倒是一直想试试呢。"

艾米莉暗暗冷哼一声。马修明明连去趟水族馆都怕得要死，却在这里面不改色地胡乱吹牛。

"你肯定会喜欢上潜水的。"林登女士说，"我有一艘大型帆船，每当想潜水了，就开船去蒙特雷。"林登女士边说边敲着键盘，"好了，我带你们去看那密码，不过你们得先在这儿签名。”林登女士递过来一页文件——声明他们不会毁坏或偷窃图书馆的任何资料。“你们的包就存在这里。”

“我可以带上我的笔记本吗？”艾米莉问。

“当然，带笔记本没事。钢笔、铅笔，甚至是照相机都可以——但不能对着历史文件开闪关灯拍照。当然也不能影印文件。”

林登女士带他们来到一个气氛安静肃穆的房间，为他们在房间中央找了张空着的书桌坐下。房间四周都是带玻璃窗的高大书架，除了他们之外，还有三个读者在专心致志地看书。

“所以我很好奇，”林登女士说，“关于那个‘无法破译的密码’，你们究竟知道些什么？”

“也不是很多。”

艾米莉还在犹豫，马修却已脱口而出：“我们知道它是被诅咒的，但这种事情可吓不倒我们。”说着，还无所谓地耸耸肩。

这个在图书管理员面前自我炫耀的家伙是谁？艾米莉一时间有些恍惚。他们讲述在海事博物馆的遭遇时，马修一副心不在焉的样子，艾米莉甚至都怀疑他是否真的在听，但现在看来，显然他听了。艾米莉不知道该不该提诅咒的事，毕竟博物馆讲解员就是出于这个原因拒绝向他们透露更多信息。万一林登女士也改变主意，不让他们查阅资料了，那该怎么办？

“我们还知道它被称作马克·吐温密码。”詹姆斯补充说，这让林登女士的眼睛一下子亮了起来。

“所以你们也知道汤姆·索亚喽？”她问。

“你是说那本书？”艾米莉以前玩“寻书侦探”的时候曾经找过这本书，所以对书名很熟悉。那还是她来到旧金山之后第一次寻书，只不过被人抢先了一步。

“我指的不是那本书。”林登女士微笑着说道，“啊，有意思。你们肯定会喜欢这个故事的。等我一会儿，我马上回来。”

林登女士离开了一会儿，回来的时候手上拿着两个文件夹。“开始说那个密码之前，我想先带你们认识一个人。”说完，她翻开文件夹，一个男人的黑白照片映入眼帘。照片中的男人一脸大胡子，头上戴着一顶高高的消防帽。“这就是汤姆·索亚。他十九世纪晚期住在旧金山。”

“这个家伙？他那么早以前就在这里生活了？”马修嘲弄道，“他看着倒是挺时髦的，戴着个那么大的帽子。”

林登女士又看了一眼照片。“可能因为现在又流行复古了吧。不管怎样，这个人是旧金山建城初期时的一位英雄。他参与组建了这座城市最早的一家消防公司。”

“既然他也叫汤姆·索亚，那他跟那本书有什么关系吗？”艾米莉问。

林登女士点点头。“这正是故事有意思的地方。我们的汤姆·索亚声称，马克·吐温，也就是《汤姆·索亚历险记》的作者，给自己书里的角色起名时借用了他的名字，但马克·吐温从来没正面回应过。不过，他们确实彼此认识，马克·吐温曾经在旧金山当过记者。当然，那时候他的名字还是萨缪尔·克莱门斯。”林登女士顿了顿，看着他们紧皱的眉头，便又解释道，“马克·吐温只是一个笔名。

“汤姆·索亚和马克·吐温关系很好，甚至在马克·吐温搬到内华达州的弗吉尼亚城之后，汤姆·索亚也经常去拜访他。估计也正是那个时候，两人打赌时，马克·吐温赢得了那个‘无法破译的密码’。输掉的人没有足够的钱来履行赌约，于是便提出用那个密码代替。他声称，一旦解开这个密码，就能得到埋在旧金山附近的黄金和宝藏。”

“真的吗？”艾米莉与詹姆斯交换了一个眼神。这是否就是基斯林老师正在寻找的东西？黄金宝藏？如果他们破解了这个密码，是否就能打败老师，获得宝藏？

“是真的，”林登女士说，“马克·吐温一向钟爱精彩的故事，所以他同意用这个密码充当赌资。但也有人提醒他，这个密码是受到诅咒的，据说它是一场大火的遗物。”

“就是烧掉奈安蒂克号的那场大火。”艾米莉说，她想起了海事博物馆的讲解员跟他们说的那些事。

林登女士扬起眉毛，一副很吃惊的样子。“所以你们确实对那段历史有所了解。”说着她点点头，“那也正是密码受到了诅咒这一说法的源头。传说如果有宝藏原主人之外的人试图破解密码并找到传说中的宝藏，火灾就会找上他们。但马克·吐温对这些传言嗤之以鼻。有些历史学家推测，他之所以答应接受那个密码，只是因为他喜欢背后的故事。但不久之后马克·吐温居住的酒店公寓就发生了一次火灾，令他不得不改变了看法 。”

“真的吗？”马修问。

林登女士郑重地点点头。“是真的。那场大火吓得马克·吐温再不敢碰那个密码。汤姆·索亚便提出从他手里收回密码。他是一个消防员，自然不怕那个愚蠢的火灾诅咒。而且他在旧金山拥有一座酒吧，他知道如果把那密码展示出来，必然会吸引很多顾客。于是他把密码框起来，和一堆消防大事记一块儿挂在墙上。他跟人说这是马克·吐温送给他的礼物，还怂恿众人想办法破解密码，并承诺奖励任何能破解密码的人终生免费在他的酒吧喝酒。但是一直没人能够破解。”

“可是怪就怪在这儿，”林登女士说，“密码挂上墙之后没多久，汤姆·索亚的酒吧就真的失火烧毁了。但是你们猜谁逃过了那场灾难？”

林登女士打开第二个文件夹，里面是一张上了年头的纸，夹在牛皮纸中间。纸的下半部分写满了老式花体文字。“这个就是‘无法破译的密码’。”

10

“你们慢慢研究。”林登女士说完就走开了。

那张纸的边缘已经发黑，仿佛被火烤过，闻起来有点旧房子阁楼里的那种味道。纸的正面，除了下方的字母，上半部分只有一个淡淡的新月形标记，像是曾经有人随手把咖啡杯放在那里。纸张背面有内容透出来，隐约可以看到一些阴影。艾米莉翻到另一面，上面是一幅简笔画——四个歪歪扭扭的圆和几个弯弯曲曲的破折号，好像刚打算画点什么又突然停了下来，跟艾米莉平时在课堂上的涂鸦差不多。

“这个人写字跟小孩子差不多，”马修说，“这笔迹要是被我的英语老师看见，肯定会评个大大的 C。”

艾米莉叹口气，哥哥的话让她有些恼火。“马修，这是很久以前的东西，”她说，“那时候人们写字的方式也和现在不一样。”

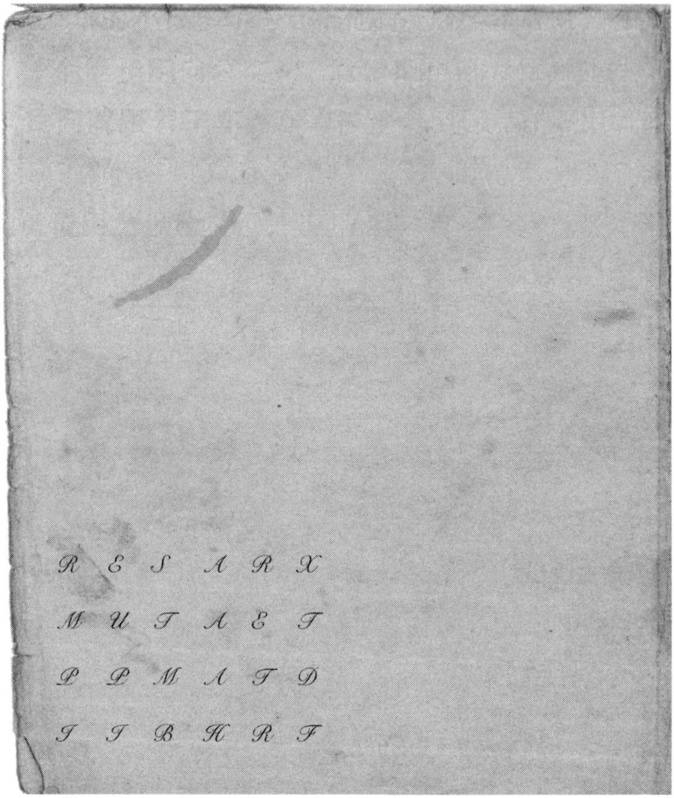

但马修的评价倒也不算离谱。上面的字迹确实有点……稚气？看起来就像费尽心思地想把每个字母写工整，奈何字实在写得不好。

艾米莉转着插在马尾辫里的铅笔，仔细审视纸上的字母，感觉这比从“寻书侦探”网站上下载的谜题难得多。“我甚至不知道该从哪里入手，你呢？”

“要不怎么叫‘无法破译的密码’呢？”詹姆斯打趣道，“看来至少得花一天。我们何不把它抄下来，回家再慢慢研究？”

艾米莉翻来覆去地查看纸张两面的内容。

“你们可以描下来，”马修建议，他指了指对面的窗户，“我们可以用那扇窗子当灯箱。”

艾米莉从笔记本上扯下一张空白的纸，又把插在马尾辫中的铅笔拿下来。他们四下打量一番，决定去书架背面的那扇窗户处——并不是说他们的行为有违反规定之嫌，只是单纯不想太引人注目而已。

“我来帮你们按着。”马修把从笔记本上扯下的空白纸盖在密码上，然后按在窗户玻璃上。透过来的字母不太清楚，但也足够艾米莉描画下来。见艾米莉描完了正面，马修又说：“背面的内容也应该描下来。说不定有用呢。”他把密码纸翻到背面，再次盖上笔记本纸。艾米莉轻轻地把背面的涂鸦也一一描画了下来。

把文件还给林登女士时，艾米莉问：“来找这个‘无法破译的密码’的人多不多？”艾米莉好奇，除了基斯林老师，还有多少人也在试图解开这个秘密。

“据我所知，最近没什么人来看，”林登女士说，“不过今天倒是让我也对它产生兴趣了。”说着，她调皮地眨了眨眼。

第二天便是元旦前夜了，昨天从图书馆回来之后，艾米莉和詹姆斯便一直在绞尽脑汁地解读密码，却毫无头绪，这让他们很是沮丧。艾米莉和詹姆斯决定暂时放下密码的事，趁着节日好好休息一下，转移一下注意力。

这天晚上，詹姆斯一家邀请艾米莉一家共进晚餐。桌子正中摆着一口大锅，里面的姜汤沸腾翻滚，詹姆斯的妈妈告诉他们那叫火锅。李家人都很有耐心，一边跟艾米莉家人畅谈大笑，一边用筷子夹起各种生的食材放进滚汤中。艾米莉的爸爸正跟一只滑溜溜的虾作斗争，他想用筷子夹起虾放到锅里，却滑来滑去怎么也夹不起来。詹姆斯说：“我们也有叉子。你可以用叉子。”

“不，不用，”克兰先生坚持道，“我平时筷子用得很不错，至少夹起寿司没什么问题。”

他努力了半晌，终于颤颤巍巍地夹起了那只虾，谁知还没来得及高兴，虾就从筷子中间被挤飞了出去，咕嘟一声干净利落地掉进了热汤里。

“嘿！”两家人都欢呼起来，艾米莉的爸爸不好意思地咧嘴笑着，用小漏勺把虾从热汤中捞出来，不过现在已经是煮熟的虾了。

吃过晚饭，艾米莉的父母去楼上学习打麻将，艾米莉、马修和詹姆斯则钻进帐篷，玩起了棋类游戏，帐篷是用克兰家的一床被单改造成的。艾米莉已经记不起上一次她玩这种用被单搭城堡的游戏是什么时候了，毕竟他们现在已经长大了，早已过了玩这种游戏的年龄。不过也没有谁表示反对，仿佛他们三人早已达成无言的约定，不去管这种行为是不是太过幼稚，好好享受当下这一刻就足够了。有时候，不按年龄去行事也别有一番乐趣。

“格林先生，在大厅里，拿着烛台。”马修把一个棕色信封举到额头位置，双眼紧闭，猜测着第三轮线索的答案。

这时，楼上传来桌子倒地的声响——哗啦一声砸在地板上，同时还伴随着一阵欢快的笑声。

马修拉出卡片，摔在游戏盘上。“果然对了！”他挥了挥拳头，身子后仰，结果失去了平衡，压倒了支起帐篷的椅子，连带着把床单也扯了下来，把他们仨都蒙在了里面。

“马修！”艾米莉被蒙在床单里，声音也因此变得含混。

“对不起！”马修跳了起来，手忙脚乱地把自己从床单里摘出来，“对不起。”他又赶忙跟詹姆斯一起重新把帐篷搭起来。

“是时候换个新的游戏了。”艾米莉从床单中爬出来，跑回自己的房间，在詹姆斯拿过来的一堆东西中仔细翻找着。“快艇骰子还是猜词游戏？”艾米莉冲走廊喊了一声。马修和詹姆斯给出了不同的回答，艾米莉索性把两套游戏道具都拿上了，离开房间之前又稍微停留了一下，盯着她最近在墙上涂画的那一团团灰蓝色、青色和丛林绿色欣赏了一会儿。詹姆斯的外婆——也就是他们的房东——允许艾米莉在墙上涂画，只要他们一家搬走的时候把墙重新刷白就可以。这意味着艾米莉现在可以把房间刷成任何一种她喜欢的颜色，只是她还没下定决心而已。

艾米莉抱着两套游戏道具跑回活动室。“你们知道吗？人们常说新年的第一天过得如何，决定了接下来一整年的基调。”

“谁说的？”马修狐疑地斜眼问道。

“就跟我们每次搬家时，妈妈和爸爸说‘新家新气象’是一个道理。”艾米莉说，“你们希望接下来的一年充满什么？”

“音乐。”马修毫无悬念地说。

“易滋易滋。”詹姆斯说。

“易滋易滋？”艾米莉和马修不约而同地反问。

“你们已经在这儿生活三个月了，却从来没有吃过易滋易滋？那是……那是……”詹姆斯叹息一声，眼神迷离地盯着房间的一角，“想象一个超有嚼劲的燕麦曲奇和蘸满巧克力酱的冰激凌甜筒生了一个小孩。”

“想象食物交配并不那么让人有胃口。”马修说。

詹姆斯耸耸肩：“我只想说，真的很美味。”

“我希望接下来的一年可以充满……”艾米莉开始说。

“阅读。”哥哥马修插嘴道。

“寻书侦探。”詹姆斯又补充了一句。

艾米莉皱起眉头。这些当然是她想要的，只是还不够让人期待。艾米莉想起了林登女士和她的船，她会潜水进入沉船遗址探险，还对“无法破译的密码”的历史如数家珍。成为一名优秀的寻宝猎人听起来似乎很棒，但如果说希望一整年都有宝藏，听起来不免跟希望一整年都有独角兽一样可笑。

“我有一个想法。”詹姆斯抓起他的笔记本电脑。

“什么想法？”没等詹姆斯把电脑屏幕完全转过来，艾米莉就看到电脑屏幕上“寻书侦探”的网站页面。

“我想看看我最喜欢去的那些地方有没有人藏书，尤其是其中一处，如果有就太棒了。”说着，詹姆斯又敲了几下键盘，然后欢呼道，“太好了！真的有人在那里藏了书。我们明天就去找吧。这本书还是跟音乐有关的，马修肯定会喜欢。如果一切顺利的话，我们还可以顺便尝尝易滋易滋。”

虽然这一次寻书之旅的发起者不再是艾米莉，但她也乐得前往，因为这听起来确实是消磨一天时光的好方法。

第二天一早，艾米莉、詹姆斯和马修便出发去寻书了。不过刚走出家门没几步，艾米莉突然想起来自己忘带公交卡了。

“我马上回来。”艾米莉跟他们说了一声，扭头跑上前廊台阶，进门的时候没有把门完全关上，而是留了一道缝。虽然她一路小跑，但穿着运动鞋踩在楼梯上并没发出什么声响。

这时，艾米莉妈妈的声音从厨房传过来。“他们申请了破产？”

“我知道，”只听艾米莉的爸爸回答，“我跟你一样震惊。”

“那可是你最稳定的客户之一。这可不是件小事，大卫。你怎么一点儿都不着急呢？我们还得靠这些编辑活儿过日子呀。”

父母的对话像走廊里突然垂下的一条鱼线，一下子钩住了艾米莉。当她穿过走廊回到自己房间时，这些话仍然在拉扯着她，当她找到被她当成书签夹在《埃及游戏》里的公交卡时，这些话还是在拉扯着她。

“我知道，我知道。相信我，我跟你一样担心，或许比你更着急。”艾米莉的爸爸说，“但我们肯定能想出办法解决的。以前我们也过过拮据日子，还不是撑过来了。我会主动联系下熟人的，让他们知道我现在需要接更多活儿。”

“以前也确实经济紧张过，但那时我们并没有生活在旧金山呀。在这里就连呼吸都贵得要命。”艾米莉的妈妈说。

两人停顿了好一会儿。艾米莉知道她不应该偷听父母的对话，这些话也不是说给她听的，她应该赶紧下楼出门。她知道自己应该走开的，可还是忍不住停在原地，侧耳听着。

“我们还有《五十个州》的预付款呀。”艾米莉的爸爸说。

只听艾米莉的妈妈冷哼一声：“那最多只够撑两个月，而且鬼知道那笔钱什么时候能到。”

“这些我都知道，伊丽莎白。”爸爸的声音听上去有些嘶哑。

妈妈的语气也缓和了下来：“我知道你知道这些。我也试着联系下我的那些设计客户吧，或许能接到更多工作。等我们理出头绪，或许也可以动用下存款，但那也帮我们维持不了多长时间。一开始我们并没有计划在这里停留一年以上的。”

艾米莉猛吸一口气，那些钩住她的鱼线仿佛一下子全被切断了。她以同样轻的脚步走下楼梯。她的父母向来感情很好，很少吵架。而且比吵架更糟糕的是他们吵架的原因，如果不是艾米莉让他们答应留在旧金山，爸爸妈妈现在也不会吵架。

艾米莉轻轻地关上大门，跑回人行道上跟詹姆斯和哥哥会合。

“你也希望能有个完美的新年第一天吧。”上山时，马修冲湛蓝的天空和远处的海湾挥着手，海湾波光粼粼的水面在林立的高楼之间若隐若现，“再没有比这更好的了。”

三个人上了开往码头方向的公交车。艾米莉紧咬嘴唇，眼睛望着窗外。妈妈那句“在这里就连呼吸都贵得要命”不断在她脑海里回响。而坐在她身旁的马修正连珠炮般地向詹姆斯不停发问，想知道他们要去的那个神秘地点跟音乐有何渊源。

“那里经常有表演或演唱会吗？”

詹姆斯拿出一份从“寻书侦探”网站上打印的文本。“这就是我们要去找的那本书的线索，也是我唯一能给你的提示。”

23 8 5 18 5 19 20 15 14 5 19

13 1 11 5 13 21 19 9 3

“这只是一个‘神探南希’级别的谜题。”詹姆斯又补充说道。

马修推了推艾米莉。“我需要你的帮助，夏洛克。”他借用了爸爸给艾米莉起的昵称（因为她总是痴迷于解谜）。

艾米莉收回望向窗外的视线，看向面前的数字。她很想说一句“这有什么意义？”，但当她望向马修，看到平日里酷到不愿意跟她一块儿玩的哥哥，正仔细审读着那条线索，仿佛能从里面找到宝藏，便忍住没说。而詹姆斯在座位上坐立不安，好似一个努力憋住秘密的小孩。她曾信誓旦旦地强调，新年第一天的状态会预示着接下来一年的样子，难道她想一年都这么消沉吗？不，她可不想。想到这儿，艾米莉马上切换回了平时玩游戏的状态。

神探南希是“寻书侦探”中难度级别比较低的谜题，所以根据面前这些提示，艾米莉猜测这应该是一个直接的数字替换式密码。她从马尾辫中扯下铅笔，在笔记本上快速把字母表列出来，然后在每个字母的下面对应写下从 1 到 26 的编号，很快就解读出了线索：

Where stones make music.

（石头发出音乐的地方。）

马修大声读了一遍。“是说滚石乐队开演唱会的地方吗？”他问詹姆斯。

“不是。”詹姆斯回答。

马修一只手撑在前面座椅的靠背上，敲着手指。“难道是石庙向导乐队（The Stone Temple Pilots）？”

“不一定非得跟乐队有关呀。”詹姆斯说。

艾米莉任他们两个猜来猜去，她的思绪又回到了早上父母的争吵上。她能做些什么呢？如果她能找到办法帮爸爸妈妈解决问题，那她就不用因为请求他们留在旧金山而自责了，或许还能让父母明白她是真的想留在旧金山。

其他那些十三岁上下的孩子是怎么赚钱的呢？她可以去帮人照看小孩。尽管她不知道谁家有小孩子需要人照看，但她可以去找呀。爸爸说他小时候曾经给人送过报纸。不知道那种工作现在还有没有。或许霍利斯特的书店需要帮手。对，霍利斯特那边应该行得通。有了具体的行动计划，之前的担忧便都被抛到脑后了。看来这并不是一个无法解决的问题。她的完美新年还有希望保住。

11

艾米莉、詹姆斯和马修下了公交车，在码头上走了不到一个街区的距离，詹姆斯就指向街角一个看起来毫不起眼的市场，说："这就是我们的第一站。"

"这儿？这就是你要找惊喜的地方？"艾米莉问。

"我们得采购些必要的物资。"詹姆斯解释道。

艾米莉和马修只好跟着詹姆斯走了进去。他们在前台处停下，一位老先生坐在椅子上，正大声对着手机说话，用的不是英语。登记处旁边的玻璃柜台里摆着一盘盘的果仁蜜饼、希腊菠菜馅饼、包心卷，以及点缀着羊乳酪、橄榄和辣椒的沙拉，艾米莉由此推断那位老先生说的可能是希腊语。老先生冲他们微微点了点头，几乎让人难以察觉，然后就继续讲他的电话去了。

收银台的正前方是一个冰柜，詹姆斯走过去拉开柜门。

"看，易滋易滋。这是真正的旧金山美食。"詹姆斯说。

冰柜里面是成摞的带单独包装的圆形冰激凌三明治。詹姆斯从冰柜里拿出一个，放到收银台上。“你们选一个自己爱吃的口味。我就喜欢吃香草味的。”

“卡布奇诺。”马修说，“不错。”

“那口味可不好找。”詹姆斯这么一说，反而让马修更坚定了自己的选择。

艾米莉咬着嘴唇，举棋不定。

“精挑细选总没错儿。”詹姆斯说，但艾米莉并不是因为这个才犹豫。几分钟之前，她还坐在公交车上，内心暗暗发誓要找到一个赚钱的办法，帮父母走出困境。难道真的要在一个冰激凌三明治上花掉两美元吗？两美元当然不够支付租金，这一点她很清楚，但是她还是可以把钱放进存钱罐存起来呀。

詹姆斯似乎读懂了她的心思，又补充了一句：“我请客。出门之前我妈妈给了我钱。”

艾米莉又咬着嘴唇犹豫了一下，这才拿了一个薄荷味的冰激凌。“谢谢，詹姆斯。”老先生一边打着电话，一边给他们结账，两边都没耽误。

一走出商店，马修就要撕开包装纸，但詹姆斯伸手拦住了他：“不，不，不！人生第一个易滋易滋一定要在一个难忘的场景里吃。我们先去找书，然后再吃。”

马修热切地望着手上的冰激凌三明治。“它会化掉的。”

“别担心，”詹姆斯用手指弹了弹他手上的冰激凌，“它们冻得跟冰球似的。我们有的是时间。”

三个人一路走到街区尽头，在一个停车场停下。这里已经是旧金山市区的边缘了，旁边就是旧金山湾。放眼望去，金门大桥的悬索从两端的桥塔上悬垂下来，在桥中间交汇，仿佛两个巨大的手掌一样。

“这儿就是藏书的地方？”艾米莉问，“停车场？”

“相信我，你们肯定会喜欢这个地方的。”詹姆斯说。他带着艾米莉他们走上一个向海湾延伸的狭长半岛，宽度只够一条人行道。半岛两边，靠近城市的一侧是码头，数十艘帆船随着水面微微起伏，另一侧则是开阔的海湾。

“这条路看起来走不通呀，兄弟，”马修说，“难道我们要一路走到水里去吗？”

“我们来赛跑吧！”詹姆斯突然向着半岛尽头猛跑起来，艾米莉和马修也赶紧跟上。他们一路狂奔，跑过几艘停泊的帆船和一位站在岩石上海钓的孤独渔人。艾米莉很快便发现前方并非道路的尽头，而是一个转弯。转弯之后是一个下坡，坡下隐藏着一片平时根本难以发现的平地。

那是码头边缘延伸出来的一个平台。周围满是石头和水泥砖，以一种奇怪的形状堆叠起来，形成弯曲的长凳和墙壁。顺着台阶往上是一层层的花坛，花坛里伸出许多粗粗的水泥管道，管道口还镶着黑边，让它们看起来像是张着嘴嗷嗷待哺的变异蠕虫。

“天哪。”马修喊道。

“这是什么地方？”艾米莉问。

“这个地方叫浪琴石园，”詹姆斯说，“是不是很酷？”

石园弥漫着湿石头和咸海水的味道，还有某种格格不入的味道，有点像老式的法式炸薯条的气味。花坛里星星点点的绿色，还有一丛丛的紫色花朵，让灰色的水泥和石头带来的冷硬感变得柔和了许多。有些石头十分光滑，散发着光泽，有一些则看起来粗糙又暗淡。还有一些带斑点的碎石，华丽的巨大雕刻，一段段的石柱，以及一些碎瓦砾样的石子。要不是知道是故意设计成这个样子的，艾米莉简直会以为正置身于一栋在地震中坍塌的古老建筑里。

“为什么有些石块那么华美，有些又不是？”她问。

“我想这里所有的石头应该都是来自某个被拆除的墓地。”詹姆斯说。

“哇哦，”马修和艾米莉异口同声地说，“这么酷。”

“不过这里为什么叫浪琴石园呢？”马修问。

“你们听。”詹姆斯说着侧头贴向一条仿佛张着大口的水泥巨虫。管道口几乎比詹姆斯的脸还大。艾米莉和詹姆斯也各自选了一条管道侧耳去听。艾米莉好像听到了水拍打锡罐的声音。

“它们就像风琴的琴管一样，涨潮时有海水灌进去，它们就会发出声音，”詹姆斯说，“跟风铃一样的道理。”

“水声岩！”马修迸发了灵感，听了一分多钟后，他又补充道，“我觉得这个名字很适合拿来命名乐队。”

他们乐此不疲地这边听听，那边听听，不知不觉间，艾米莉把什么可怕的蠕虫、墓地的残迹统统抛在了脑后。过了一会儿，她走到平台的中央位置，开始观察周围哪个地方适合藏书。

尽管石头与石头之间有很多大小不一的缝隙，但似乎都放不下一本书。艾米莉索性爬到花坛上，在茂密的芦苇丛中摸索，却还是一无所获。

艾米莉走到平台的边缘，望向码头对面山上鳞次栉比的建筑。在她脚下，石块堆一直向下延伸到水中。轻柔的波浪涌过来又退回去，不时露出银白色的沙滩。

突然，艾米莉注意到，石堆上歪歪斜斜地放着一块灰色的砖。在一堆圆形的石头中，那唯一的长方形很是引人注目。而且从砖角来看，它不像是自然形成的。艾米莉在平台的边缘蹲下，伸手去够那块砖，却差了一点点。她伸出一只脚踩在一块巨石上，先试探了是否稳固，然后再次伸手去够，这一次成功了。她掀起砖块，下面赫然是一个透明的塑料袋，里面是一本平装书，包得严严实实。

“哈！”艾米莉大喊。

“你找到书了？”詹姆斯和马修立刻跑过来。艾米莉捏住塑料袋的边缘把它抽出来。她拉开密封拉链，从里面抽出一本名为《第十四只金鱼》的平装书。艾米莉在石凳上坐下，迫不及待地想一睹为快，但詹姆斯冲她晃了晃手中的易滋易滋。

“最适合庆祝的时刻！”他说。

三个人绕过圆形小径，在码头的岩石顶上坐下，面朝海湾。数十个风筝在水面上空飘扬，彩色的帆呈弯曲状，好似在飞翔舞蹈。艾米莉咬了一口她的易滋易滋。上面的巧克力壳咬碎之后，露出一层很有嚼劲的燕麦曲奇，半融化的薄荷冰激凌顺势流出来。一口咬下去，又甜又凉又酥脆。

“太好吃了。”艾米莉说。只是她的嘴巴塞得满满的，冰激凌又凉，所以听起来含混不清。

有那么几分钟，四周只剩下海鸥的叫声、海浪有节奏的拍打声，还有他们专心吃冰激凌三明治的声音。艾米莉吞下一口冰激凌，指着海湾对面说：“我知道那是恶魔岛，不过那边是什么岛呢？”恶魔岛岩壁陡峭，岛上还有巨大的白色建筑和灯塔，但离它不远的地方还有另一片岛屿，岛上满是郁郁葱葱的植被，和光秃秃的恶魔岛形成鲜明的对比。

“那是天使岛，”詹姆斯说，“人们常去那里登山或者骑自行车。那里曾经是早期的移民中转站。其实我们很快就会去那儿实地参观移民中转站的遗迹，这是七年级的必备节目。”詹姆斯吃完了他的冰激凌，把塑料包装纸叠成小小的方块。

“从地图上看，会觉得海湾很小，没想到居然能容下两座岛。”艾米莉说。

“可不止两座岛，再往外走还有一座呢，叫金银岛。海湾大桥就从那儿经过。”

詹姆斯指向远处海湾大桥的尖顶，从这里看去仿佛玩具一样小。

“金银岛？”艾米莉对这个名字很感兴趣。

马修咀嚼着他的冰激凌："是有人在那里埋了金子或什么宝藏吗？就像你们在图书馆查询的那个密码？"

马修的话似乎提醒了詹姆斯，他看着金银岛所在的方向思考着："我一直以为它的名字是来源于那本书呢。"

"即便真的有人曾在那里找到宝藏，也不一定就是那个密码的宝藏。"艾米莉坚定地说。当她意识到可能已被别人捷足先登了，她才意识到自己对于找到失踪许久的宝藏有多么渴望。

“没错。”詹姆斯点点头，“到目前为止，还没有人能解开密码，这一点我们很确定，所以如果说那个‘无法破译的密码’真的是一份藏宝图，那宝藏肯定也依然藏得好好的。”

“如果真的找到了黄金宝藏，你们会买什么？”马修问，“我会买一把吉普森·莱斯·保罗。”

“买什么？”艾米莉问。

“一把很酷的吉他。”马修解释道。

“我会买一台新电脑。”詹姆斯说。

“可你已经有三台电脑了！”艾米莉说，“算上你的笔记本电脑，已经有四台了。”

詹姆斯耸耸肩：“我想换一台配置更好的，但我父母肯定会让我把钱存着上大学用。艾米莉，你会怎么花呢？”

艾米莉心里想的仍是她爸爸妈妈早上的那场对话，但她不想把这件事告诉马修和詹姆斯。于是她选择说出第二个浮现在脑海中的愿望。

“可能是一副夜视眼镜？”

“夜视镜？”马修和詹姆斯异口同声地说。

艾米莉耸了耸肩：“这样我晚上也可以去找书了。”

詹姆斯笑起来，一边笑一边摇头。

他们站起身，走到一个垃圾桶旁，把冰激凌的包装纸扔了进去。垃圾桶外面也包着从那座古老墓地运来的碎石片。之前从旁边经过的时候，艾米莉倒是没有注意到这一点。

“所以你们觉得怎么样？”往回走时，詹姆斯问道，“浪琴石园和易滋易滋，这样的新年第一天还算不错吧？”

艾米莉犹豫了一秒，父母的对话仍然让她心情沉重。远处的建筑物闪着金色的光芒，艾米莉想象着那是宝藏在向她招手，呼唤她去寻找。艾米莉站直身子，微笑了起来。用积极的心态去思考，世界也会变得积极。“这个开始很棒。”她说。

12

寒假后返校的第一天，艾米莉和詹姆斯路过霍利斯特的书店时，看到橱窗上的“未营业”标志牌旁边，依然贴着爱伦·坡新书发布会的海报。新书签售会过去也才一周，但不知怎的竟然感觉像过了几个月。这是他们找到爱伦·坡失落的手稿后，第一次返回学校。望着书店橱窗，艾米莉想起了签售会时的感觉——人们纷纷投来关注的目光，几乎令她紧张到窒息。不知到了学校之后，她和詹姆斯会不会也成为同学们关注的焦点。在艾米莉的想象中，学校的走廊会挤满同学，大家把他们围在中间，请他们签名，就跟签售会上的那些人一样。艾米莉想问问詹姆斯是否有同样的担心，但她又不想詹姆斯误以为她很享受那些关注。

“看看我外婆找到了什么。”詹姆斯将背包从一边的肩头上滑下来，把包甩到前面，然后从包里拿出一张从报纸上剪下来的专栏报道。

“这上面说，一对夫妇翻新房子的时候在墙缝里找到了一个瓶子。”詹姆斯概括了报道的内容。

“这种事情也能上报纸？”艾米莉很是不解，“他们肯定是没故事好写了。”她想起了在签售会上见到的那个女记者，想起她听到城里某个地方起了一场小火时那急匆匆赶往现场的样子。

“那可不是个普通的瓶子——相当有年头了，是淘金热时期的东西。事实证明，那个时代的瓶子相当稀有，非常有收藏价值，文章里的这个瓶子值五千美元呢！”

“一个瓶子就能值五千美元？”艾米莉惊讶地问。

“这还是因为瓶子上有一个缺口。如果是完整的，就更值钱了。你能想象吗？这个消息，让我想起了奈安蒂克号和从上面出土的那些瓶子。”

艾米莉拿过那篇报道，一边走一边迅速浏览了一遍。据找到瓶子的那对夫妇说，那个瓶子卖的钱足够让他们把浴室全部翻新一遍了。艾米莉不禁想，不知道她房间的墙壁里头有没有藏着一个淘金热时代的瓶子。当然，房子是他们租来的，即使找到瓶子，也是属于詹姆斯外婆的，而非他们克兰家。

这时，身后传来啪啪的脚步声，詹姆斯赶忙闪到一边，一个小孩从他身边飞奔而过。

“小心点啊！”詹姆斯喊道。

紧接着又有三个小孩从他们身边跑过，一边跑还一边用不知哪个国家的语言叫喊着。艾米莉本来还有点儿为第一个小孩担心，但随后就看到四个孩子一起大笑，好像在玩什么游戏。

前面不远处就是布克中学了，那是一栋巨大的红砖建筑，看起来更像经常出现在侦探小说里的那种古旧的庄园，而不是一所学校。艾米莉看到第一个小男孩跳过教学楼前的灌木丛，落地时顺势在光秃秃的草坪上打了个滚，接着又一跃站起身来，冲他的朋友比了个胜利的手势。

孩子们从不同方向朝学校走来，有从公交车上下来的，有从私家车上下来的，还有跟艾米莉和詹姆斯一样步行过来的。有了那么多次作为新生入学的经验，艾米莉已经十分擅长迅速隐入人群中。她向来不习惯成为人群的焦点，与他们在霍利斯特书店面对的那点人相比，布克中学的同学可是多得多。艾米莉深深吸了一口气，又从鼻子缓缓呼了出去。

"你还好吗？"詹姆斯问。

艾米莉点点头。不管怎样，总比引起同学们的骚动要好。

到了午饭时，艾米莉开始庆幸早上没有跟詹姆斯诉说内心的紧张，因为她担心的事情一件都没有发生——整整一上午，没有一个人提到过爱伦·坡的新书。不光同学，连老师都没有提。

“难道我是隐形人，你能看到我吗？”和詹姆斯在饮水处旁边会合后，艾米莉问道。

“什么？”詹姆斯有点摸不着头脑。

艾米莉意味深长地笑了笑：“没什么，开个玩笑而已。”

就连妮莎，那个曾经去参加签售会，还请他们用密码签名的女同学，在走廊上遇到艾米莉的时候都没有打招呼。当然，她有可能是没看到艾米莉——擦身而过时她正盯着手里的笔记本，艾米莉也没有主动跟她打招呼。可还是感觉有点儿怪怪的。

艾米莉也不明白自己为何如此矛盾。一方面她不希望大家过于关注她，把她找到爱伦·坡的手稿这件事挂在嘴边，可如今真的没有人关注时，她又不由自主地感到失落。

“哦哦，”詹姆斯说，“薇薇安肯定是在拉志愿者。”他朝班长薇薇安的方向扬扬头——她正在走廊上四处跟同学聊天，但总是聊不了几句对方就摇着脑袋走开了。

“什么志愿者？”艾米莉问。

“我想我们很快就知道了。”詹姆斯说。

果然，薇薇安抱着一块剪贴板朝他们这边大步走来。她脸上挂着灿烂的笑容，炫耀着自己背带上跟学校官方颜色一样的橡皮筋。“我们需要志愿者参加总统日的舞蹈委员会。我可以算上你们吗？”

“总统日那天有舞会吗？”艾米莉问。

“星期六，二月十四号。”薇薇安说。

“可那天是情人节呀。为什么不办一个情人节舞会？”艾米莉问。

薇薇安转了转眼睛：“参加投票的同学绝大部分都拒绝为那么商业化的节日办活动，他们选择了更有意义、更适合学校的活动，比如我们的总统日。”

“我们投过票？”詹姆斯问，“我怎么不记得。”

薇薇安开始忙不迭地在剪贴板上写写画画。

“你确定所有同学都参加了投票，而不是只有你的朋友们？还是干脆只有你自己？需要我跟蒙托亚校长谈谈这件事吗？”詹姆斯打趣道。

薇薇安瞪大眼睛。“你不能那样做！”她把剪贴板紧紧地按在衬衫上，艾米莉不禁想，不知道这会不会在她衣服上印个方框出来。

詹姆斯大笑起来。“放轻松，薇薇安。我开玩笑而已。反正就算投票，我也会反对情人节呢。”

薇薇安的肩膀这才放松了下来，她害羞地笑笑。“那么你们愿意来帮忙吗？”

“这个嘛……”艾米莉有些犹豫。

从记事起，艾米莉一直在换地方，一直在不断地适应新学校，到哪里都是外来者。随着年龄越来越大，她越来越难以接受这种感觉。她跟哥哥马修不一样，马修跟交通标志牌都能聊上天。对艾米莉而言，不动声色地做一个普通学生，不用突兀地被推到众人面前，才是最让人安心的，不用担心被拒绝，或是遇到尴尬的场面。不过通过这几个月跟詹姆斯的交往，她意识到她那习以为常的自我封闭让她错过了多少东西。或许是时候勇敢走出去，真正融入这所学校了。不过，参加舞蹈委员会会是一个好的选择吗？万一并不适合她呢？她以前从来没有参加过学校的舞蹈活动。连舞都没跳过，又怎么去组织舞会呢？

这时薇薇安又补充了一句："委员会成员可以免门票哦。"

"参加总统日舞会还要花钱？"艾米莉问。

"不然我们拿什么来支付装饰、音乐和其他的费用呢？"

果然，天下没有免费的午餐。

"那么——"薇薇安停下了笔，等待艾米莉的回答。

"我参加。"艾米莉不及细想便脱口而出。

"真的吗？"詹姆斯有些狐疑地问。

薇薇安记下艾米莉的名字，白纸黑字地把这事定了下来。艾米莉明白，要想了解学校活动是什么样的，只能亲自参加一次。而且这样一来，她也可以帮父母省点钱。

"你也来吗？"没等詹姆斯回答，薇薇安就已经动笔把他的名字也列上了。

"嗯，我想我会去的。"詹姆斯说。

"那从这周开始，我们就每隔一周的周三放学后见。"说完，薇薇安便挤进人群，寻找其他志愿者去了。

艾米莉和詹姆斯正要继续往自助食堂走的时候，基斯林老师突然从教职工活动室出来，猛地一开门，差点儿撞到艾米莉。好在基斯林老师反应过来后及时停住，拉住了门。他和艾米莉连连互相道歉。但面对老师，艾米莉脑子里却全是他在霍利斯特书店翻别人包的画面。

“基斯林老师，您今天看起来很精神，”詹姆斯说，“这是新衣服吧？”

“哦……”基斯林老师低头看了一眼，仿佛根本不记得早上出门时穿的什么衣服，“啊，是的。”

基斯林老师手里拿着一叠纸，抬手掸了掸衬衫上的尘土。艾米莉看到纸上潦草地写着些什么，似乎是一串字母和几个被画掉的词。艾米莉自己破解“寻书侦探”上的谜题时，也会在笔记本上这样写写画画。难道基斯林老师正试图破解那个“无法破译的密码”？

艾米莉不由得担心起来。对于从图书馆描下来的那堆字母，她和詹姆斯目前还没找到丝毫头绪。他们试了回文构词法，替换式密码的思路也试过了，甚至还试过把那些字母当成字谜来猜，却还是一无所获。万一基斯林老师已经找到头绪了呢？

艾米莉侧过头，想看清楚纸上写的是什么，但基斯林老师急匆匆地转身走开了。“课堂上见。”基斯林老师回过头大喊。

13

这天下午，大家走进教室时，基斯林老师并没有像往常那样站在教室门口，而是坐在讲桌前，闷头盯着自己的笔记本。艾米莉忍不住盯着他看，心里很是忧虑，不知道老师是否已经找到了突破口。

詹姆斯在艾米莉身旁的座位坐下，小声说："振作一点，蘑菇殿下回来了。"

马迪·费尔南德斯。马迪可谓是他们的宿敌——这样说或许有些夸张，不过自艾米莉来到布克中学的第一天起，马迪似乎就莫名地对她心怀怨气。詹姆斯的解释是，马迪向来是一个争强好胜的人，从他小学二年级认识她第一天开始就一直是这样。去年秋天在基斯林老师组织的密码挑战赛上，他们也亲眼见识了马迪那不择手段的好胜心。不过自从输掉那场比赛之后，马迪就表现得好似压根儿不认识他们一样。虽说远离了马迪酸溜溜的冷嘲热讽让艾米莉感觉轻松了不少，但只要马迪在附近，她还是会忍不住感到紧张，就像是再次靠近一个曾经让你触过电的开关时，那种忍不住毛骨悚然的感觉。

艾米莉和詹姆斯私底下管马迪叫“蘑菇殿下”，这是因为艾米莉觉得她的发型看起来像极了一个蘑菇盖。不过今天艾米莉注意到马迪换了发型，这还是他们寒假之后第一次见面。

“不再那么像蘑菇了。”詹姆斯评论道，显然他也注意到马迪换了发型。马迪一改之前蓬松的蘑菇头加笔直平整的刘海，剪成了波波头，头发烫了波浪卷，刘海也柔顺地梳向一边。

“新发型看起来不错。”马迪照常坐在了詹姆斯身后，艾米莉主动跟她打招呼。不过话刚出口艾米莉就开始后悔自己的冒失，想着马迪肯定会反呛她，比如“我为什么要在意你的看法”之类的。没想到马迪只是挑了挑眉毛，仿佛没想到艾米莉居然会赞美她，需要确认这是出自真心还是有意讽刺。

犹豫了一下之后，马迪说了句“谢谢”，然后把自己的背包放在了地上。她从背包里拿出活页夹，把自动铅笔和水果形状的橡皮擦摆好，然后说：“我妈妈给我看了报纸上有关你俩的报道。你们找到了那本书，挺酷的。”

詹姆斯看看马迪，又转头看看艾米莉，来回看了好几次。“我是到了一个平行世界吗？”他问。

“当然，那也是因为你们没有遇到竞争对手，”马迪又补充道，“换作是我，可能也能找出来，说不定还更快。”

“啊——这才是我印象中的马迪嘛，看来我还是在原来的世界里。”詹姆斯满足地叹口气，注意力重新放在了他正画着的圆圈上。

铃声响起，教室里低声的交谈戛然而止，但基斯林老师却没有像往常一样站起来。有人咳嗽了一声，基斯林老师终于抬起了脑袋，眉头紧皱，仿佛看到同学们来到教室很不高兴。

艾米莉和詹姆斯挑了挑眉毛，面面相觑。

“今天我们来尝试点不一样的东西。”只听基斯林老师说道，“拿出你们的世界史课本和一张干净的白纸，安静地阅读第二十四章。然后把这章的内容整理出一份大纲，主题和论据要清楚明确。”

说完，基斯林老师又重新低下头，专心研究起自己的笔记本来。教室里一片寂静，同学们都有些不知所措，不明白基斯林老师今天为什么如此反常。

有人拉开了背包，打破了教室的寂静，然后不知道是谁低声抱怨了一句：“我们要做什么？”接着更多声音冒了出来，像是有人突然拧大了音量旋钮似的。耳语声、交谈声、撕笔记本纸的声音，还有开关活页夹夹子的声音，汇成了一场大合唱。艾米莉和詹姆斯坐在教室中间的位置，四下张望一番，也开始像其他同学一样拿出书本。但他们俩的注意力始终在基斯林老师身上——他岿然不动地坐在讲台上，教室里的嘈杂似乎一丝都没进入他的耳朵。

“他怎么了？”詹姆斯跟艾米莉耳语道。如果是平时，基斯林老师肯定早就大声呵斥，提醒大家安静看书了。

艾米莉用嘴型无声说道：“无法破译的密码。”

两个人又盯着基斯林老师看了一会儿。只见他在专心致志地写些什么，写完后又画掉了。

“我打赌你肯定不敢过去瞥一眼他在干什么。”詹姆斯说。

“当然不敢，这么干肯定会被扣作业分的。”

“正常的基斯林老师确实会扣分，可现在这个不过是机器人版的基斯林老师而已，压根儿不关心大家在干什么，所以也很可能发现不了你在偷看。”

“既然这么有把握，你为什么不自己去？”艾米莉问。

“我今天穿了一双走路时动静特别大的鞋子。”詹姆斯不好意思地笑了笑。

马迪在他们身后不屑地嘘了一声：“你们两个真可悲。既然你们都不敢，不如我去试试。”

艾米莉和詹姆斯压根儿没想到别人会听到他们的谈话，他们已经尽量压低声音了。没等他们反应过来，马迪便已经起身朝讲台走去，根本来不及拉住她。

“基斯林老师，”马迪用一种甜腻腻的声音说，“你说的写提纲是这个意思吗？”

基斯林老师抬起头，看了看马迪的活页夹。“没错，马迪，这样就行。”他眼神呆滞地看向教室，仿佛刚从梦里被人推醒一样，“你们先阅读这一章的内容，然后总结主题，列出论据和重要的细节。”

回到座位后，马迪小声说：“他在解一个谜题。”

“什么谜题？”艾米莉问。

“一个他从‘寻书侦探’网站上下载打印出来的谜题，页面上有‘寻书侦探’的标志。”

“他在解‘寻书侦探’的谜题？”詹姆斯问。

马迪点点头，对这话题显然已失去了兴趣，意兴阑珊地翻开书开始做作业。

詹姆斯抓了抓史蒂夫。艾米莉也皱起了鼻子。他们看着基斯林老师，心中疑惑不已。虽然基斯林老师没有像他们担心的那样，抢先破解出那个“无法破译的密码”，但他为什么要去解“寻书侦探”的谜题呢？还是在课堂上。这实在是让人难以置信。

放学后，艾米莉和詹姆斯一边走一边讨论着基斯林老师今天的反常表现，却想不出合理的解释。这时，他们看到基斯林老师急匆匆地绕过教学楼的一角，快步走向等公交车的队伍。

“他看起来很着急。”詹姆斯说。

基斯林老师拽紧外套，把背包甩到背后，一路小跑着。

“我们跟上他吧。”艾米莉说。

“你是说跟踪他？不怕被发现吗？”詹姆斯问。

“上车的小孩多了去了，他肯定不会注意我们的。”艾米莉一个箭步跑向公交车，詹姆斯也赶紧跟了上去。“他下车我们就跟着下车，万一被他看到或者他跟我们打招呼，我们就假装刚看到他，再编个理由搪塞过去就行了。我们就说跟父母约在了附近见面。”

“那好吧，”詹姆斯妥协道，“即便他注意到我们，那又怎样呢？应该也不会有什么事。”

14

公交车来到了金融区，车上的人越来越少，因为一路上下车的人总比上车的人多。艾米莉和詹姆斯坐在前面侧向的座位上，基斯林老师一直坐在公交车后头。詹姆斯缩着身子坐在艾米莉旁边，不想让基斯林老师发现，而艾米莉则始终关注着老师的动向。基斯林老师一直捧着一本书低头看着，一路上艾米莉只能看到基斯林老师的头顶，花白的头发随着公交车的颠簸起伏摇摆。

公交车行至金字塔形状的泛美保险公司大楼时，基斯林老师拉响了下车铃。艾米莉赶忙低下头，低头的时候她故意比较用力，这样就能把马尾辫甩到前边，马尾辫在脸侧像窗帘一样散开垂落，多少能挡一下脸。刚上车的时候，车里挤得像沙丁鱼罐头，连过道上都站满了人。可现在车上已经没剩几个人了，詹姆斯和艾米莉要是想跟基斯林老师一起下车又不引起他的注意，显然是不大可能的。好在还有另外两个乘客也要下车，他们从座位上站了起来，站在基斯林老师的身后。艾米莉和詹姆斯趁机悄悄排到他们身后，而基斯林老师似乎也没有留意四周。

等到艾米莉和詹姆斯下车时，基斯林老师已经差不多走到半个街区之外了。他们赶忙跟上去，却看见基斯林老师突然停下脚步，于是也赶忙停下来。艾米莉几乎觉得老师马上就要转过头来，冲他们大喊一声："抓住你们了！"然而并没有，基斯林老师只是望向旁边餐厅的落地窗，借着玻璃上的倒影用手指梳了梳头发。来来往往的人从他身旁走过，让艾米莉觉得他仿佛是一块移动的巨石，而往来的人流则像流动的溪流一样。但艾米莉随即又觉得自己的想法有些可笑，怎么会有人是巨石，而别的人又成了流水呢？她不禁想，要是一块巨石迎面碰上了另一块巨石，那会怎么样呢——双方会不会都不愿意改变方向，只能硬碰硬了？

"他去哪儿了？"詹姆斯问。

"什么？"詹姆斯的话把艾米莉从幻想里拉了回来，她这才发现人行道上已不见基斯林老师的身影，两人不禁茫然地停在原地，"他怎么可能……"

"刚才人太多，我没办法一直盯着他，不过他也不可能凭空消失掉。"

艾米莉和詹姆斯迟疑地继续往前走，很快就走到一处立着金属围栏的地方，大门大开着，似乎可以随意出入。透过围栏望去，里面居然是一片红杉树林，周边是林立的写字楼。那一片红杉树好似口袋一样，在这繁华的城市中心围出了一个小小的公园。公园的地面是铺装过的，四周还种着茂密的灌木丛和成片的三叶草，正中还有一个设计成池塘模样的喷泉，装饰着栩栩如生的青铜雕塑——一只青蛙正要从睡莲叶上一跃而起。

“这里是旧金山？”艾米莉感觉难以置信。要知道这可是城市最中心的地段，周边都是摩天大楼和灯火通明的商业中心，单车道的街上挤满了各色车辆。

“我也不知道这儿居然有这样一个地方。”詹姆斯说。但话音未落他便一把抓住艾米莉的手臂，把她拉到旁边的墙后面。“基斯林老师。”他用嘴型示意道，冲着转角处指了指。

原来他们的老师就在公园里，正绕着那个小池塘踱步。池塘中间的喷泉喷出几股水，似乎把城市的喧嚣都冲走了，同时也挡住了基斯林老师的身影，只能隐约看到他似乎低头盯着地面，好像在找什么丢失的东西。

两个人目不转睛地盯着基斯林老师，艾米莉突然意识到，既然他们现在是在泛美金字塔附近，是否也就意味着他们离奈安蒂克号出土的地方不远？难道他们脚下的这片繁华之地以前也是一片汪洋？是否同样有古代的沉船埋藏在他们脚下的这片土地中呢？

这时基斯林老师已经转身背对着他们，似乎正抬起头望向高耸的红杉树顶。接着他又穿过公园，走到另一个青铜雕塑后面仔细查看。那个雕塑是一群孩子正牵着手

蹦蹦跳跳的场景。公园里还有另外几个游客，他们有的在随意地散步，有的正坐在周围的长椅上休息，似乎没有人对基斯林老师的行为感到好奇。他们的注意力都在自己的手机屏幕或是翻开的书上，或者正与其他人聊得热火朝天。

只见基斯林老师穿过一片三叶草草坪，消失在一排红杉树后面。不过没过多久，他就出来了，手上多了一个绿色的拉链袋。

“那是什么？”詹姆斯问。

艾米莉看到基斯林老师朝他们所在的方向走过来，连忙后退几步，准备随时溜之大吉。不过基斯林老师很快就停下了脚步，坐在了一张长椅上。艾米莉和詹姆斯看着老师拉开袋子，从里面拿出一本平装书。

"是一本书！"艾米莉说，尽管詹姆斯自己也看到了，"他在学校冥思苦想的那条线索，原来就是这本书的。"

"可为什么要用那样的袋子装书呢？"詹姆斯问。

艾米莉耸耸肩："因为它是绿色的？可能在这样的环境里有利于伪装和保存吧。"

基斯林老师从学校的背包中拿出一支铅笔和一个笔记本，打开那本新找到的书。他翻阅了一会儿，不断用铅笔在词句下面画着，偶尔还会写下点什么。做完这一切之后，他把笔记本和铅笔重新装进了背包，却没有把书也收起来，而是重新装回绿色的袋子，然后放回了找到袋子的那个灌木丛里。

詹姆斯推了推艾米莉。"他又把书藏起来了。"

"他为什么要这样做呢？"艾米莉不禁好奇。

这时，他们的老师已经穿过公园，从对面的出口走出公园，朝旁边的一条街道走去。待老师走远之后，艾米莉扯了扯詹姆斯的衣服袖子："我们去拿那本书。"

基斯林老师并没引起旁人的注意，可当艾米莉和詹姆斯走进公园时，却有不少人转头向他们看过来。艾米莉想，这或许是因为比起一个好像丢了东西的成年人，背着双肩包的小孩到这样的地方闲逛，可能更让人觉得奇怪吧。

"我们先到离藏书点比较近的那张长椅边上坐下，"艾米莉建议道，“我们可以拿出活页夹，让别人以为我们只是在一边做家庭作业一边等家长，然后再趁没人注意的时候把那本书拿走。”

“或者干脆我去直接拿出来。”没等艾米莉回答，詹姆斯便大步走到树林里，伸手从灌木丛中拿出了那个绿色的拉链袋。

“快到这边来，求你了！”艾米莉小声道。虽然看起来没有人对詹姆斯的行为感兴趣，但艾米莉还是忍不住担心。如果书被别人拿走了，他们就再没机会看到基斯林老师绞尽脑汁才破解出来的成果了。

詹姆斯一边往长椅这边走，一边拉开了拉链袋。他拿出书一看，原来是一本马克·吐温的《汤姆·索亚历险记》。

“嘿，”两个人异口同声地叫了起来，“是《汤姆·索亚历险记》，真是太巧了。基斯林老师的笔记提到了‘无法破译的密码’，而那密码曾经属于马克·吐温和汤姆·索亚，现在他又在暗中寻找《汤姆·索亚历险记》……”

艾米莉脑海中突然闪过一段旧时的记忆。“等会儿，”她翻开自己的“寻书侦探”笔记本，翻到她和家人刚搬到旧金山时她解开的谜题，“找到了！”她拍了拍一张纸，“就是它没错！你还记得我们第一次去找书时的遭遇吗？”

“在渡轮大厦？当然记得。只是那本书不在那儿，被人抢先找到了。”

“被谁抢先了呢……”艾米莉提示道。

“基斯林老师？”詹姆斯皱眉思考着，试着把两件事联系起来。

“你还记得我当时找的是什么书吗？”艾米莉问。

詹姆斯低头看了看手中的书，又抬头看向艾米莉。“这本？你当时找的就是这本书？”

“不一定就是这一本，但毫无疑问是一本《汤姆·索亚历险记》，不会错。”

“可是……如果基斯林老师已经在‘寻书侦探’上找到过这本书了，为什么还要再找另外一本呢？而且他今天找到之后为什么没有拿走？”

“问得好。”艾米莉一把从马尾辫中抽下铅笔，然后打了个手势示意詹姆斯把《汤姆·索亚历险记》递给她。她翻开书浏览着，翻到后面时，在某章的起始页停住了，这页的一句话下面画了一道线。

艾米莉大声念了出来：“在每一个普通男孩的生命中，总会有那么一个时刻，他会渴望去某个地方寻找隐藏起来的宝藏。”

“真的吗？”詹姆斯也凑过去，“这肯定跟‘无法破译的密码’有关，你不觉得吗？”詹姆斯说，“汤姆·索亚？马克·吐温？挖掘宝藏？可是两本通过‘寻书侦探’藏起来的书怎么会跟一个世纪以前的密码有关呢？”

艾米莉又把书浏览了一遍，但没能再找到什么。“我们去‘寻书侦探’网站上查询一下这本书的寻书线索。或许这能帮助我们弄明白基斯林老师到底在做什么。”

15

菲尼克斯没想到会有孩子来这儿。他认出了他们，但并没有让他们发觉。他只是站在那两个孩子的视线之外，看着他们从灌木丛中拿出那本书。

他忘不了那些大人是如何吹捧这两个孩子的，仿佛他们破解了格里斯沃尔德先生的一个寻书谜题之后，就成了天才一样。这有什么呢？不过是参加了一个游戏，然后运气比较好而已。运气总能带给你些什么。有时候，即便是全场最聪明的人，甚至全世界最聪明的人，可能也一无所得。但运气不一样，运气好的人只要稍稍行动一下，奖赏、敬意、荣誉就都纷至沓来了。

菲尼克斯看到艾米莉并没有把《汤姆·索亚历险记》放回原处，而是连同那个绿色袋子一起放进了背包，不由得攥紧了拳头。这可不行。他的计划不是这样的。现在他该怎么办？他的多米诺骨牌已经一一摆好，就等他轻轻一推，便会一个接一个陆续倒下。而一旦没了那本书，他的全部计划都将被打乱。

他看着艾米莉和詹姆斯转过身，按原路返回。他们肯定是迫不及待地跑回家，去“寻书侦探”网站上标记他们找到的宝贝书去了，这却会进一步毁掉他的计划。他需要赶紧找一台电脑，但愿这个意外不会破坏他的复仇大计。

16

艾米莉回到自己的房间，坐在床上打开了笔记本电脑。詹姆斯则坐在艾米莉的父母新近为她添置的二手椅子上，还跷起了脚，把脚搭在椅子扶手上。自从艾米莉跟父母说，她想过普通孩子的生活，不要整天搬家，想有一个让她感觉属于自己的房间——哪怕一次也好，父母便开始给她买各种小玩意儿来装饰房间。比如那把椅子，还有那个地球仪（某天放学回家后，艾米莉发现它突然出现在房间里），以及那台热狗形状的小台灯。但这并不是艾米莉想要的“普通孩子的生活”，而且她知道父母眼下正为钱的事着急，所以她并不希望父母再为她买东西。尽管这只是二手店里淘来的椅子，价钱也不贵，但没有椅子也没什么，她可以在床上看书，或者趴在起居室的沙发上看书。

詹姆斯拿着那本《汤姆·索亚历险记》，上下颠倒着翻阅着。看到艾米莉投来不解的目光，詹姆斯解释道：“你在公园里已经看过两遍了，所以我试着从不同的角度看看。”

登录“寻书侦探”网站之后，艾米莉搜索了旧金山地区的《汤姆·索亚历险记》的藏书情况，结果只有一条记录。看到藏书地点后，艾米莉问：“红杉公园是在马克·吐温广场吗？”

“我敢说这绝对不是巧合。”詹姆斯说。

“等一下，”艾米莉又说，“那本书被标记为已找到！基斯林老师在费神费力地找到书后，为什么又把它放回到原地，还将其标记为已找到呢？这根本说不通。而且这样一来，我们也看不到最初的寻书线索是什么了。”艾米莉叹道。

“他将其标记为已找到，也就是说他肯定不希望这本书再被其他人找到。”詹姆斯说。

“说得没错，”艾米莉也表示同意，“可是他为什么不把那本书拿走呢？一本书而已，带走它又不费什么劲。这太奇怪了。”艾米莉接着说，“基斯林老师到底在研究什么，他研究的东西跟那个‘无法破译的密码’有什么关系？要是能想出办法弄明白这些事就好了。”

“如果……我们把书重新藏起来呢？”詹姆斯提出一个想法，“就像放鱼饵一样。选一个我们能随时监控的地方，然后把《汤姆·索亚历险记》重新藏起来，并在‘寻书侦探’网站上发布寻书线索，看基斯林老师会有什么反应。”

“你真是个天才！”这显然给了艾米莉灵感，只见她迅速在电脑上敲了几个字。“我给《汤姆·索亚历险记》设置上藏书提醒，这样一旦有人又一次藏了这本书，我们立刻就会知道。”

“我们可以把书藏在学校，”詹姆斯提议道，“反正我们三个都在学校。”

“你不觉得这可能会引起基斯林老师的怀疑吗？而且说到这儿，我们还得用我哥哥的旧账号来藏这本书。基斯林老师知道我就是‘傲娇的袋熊’。马修的账号是几年前我们刚开始玩这个游戏的时候注册的。我们搬到科罗拉多州以后，他就再没有藏过或找过任何书。我敢保证他绝对没有更新过个人资料，没有把居住地改成旧金山。用这个账号，基斯林老师绝对猜不到是我们。”

“那我们应该把书藏在哪里？”詹姆斯问，“一定得是一个方便我们随时监控的地方。”

艾米莉拍了下手，似乎想到了一个绝佳的地方。“霍利斯特书店。”她说。

第二天，基斯林老师又恢复了正常的教学状态，不过显然还是有点心不在焉，尽管这种分心也可能是由于班上那位不速之客。基斯林老师向同学们介绍说，他叫斯隆先生，是一位很有抱负的老师，来这里观摩教学。艾米莉认出他就是那天在签售会上遇到的那个人——就是他告诉了艾米莉他们，基斯林老师以破纪录的时间完成文学迷宫的事。

斯隆先生拖着一张椅子走到讲台边的角落，金属椅腿摩擦地面发出刺耳的声响。他冲同学们微微一笑，说了声“大家当我不存在就好！”

做课堂作业的时候，艾米莉仍不时关注着基斯林老师的一举一动，好奇他是否又会忘我地去破解另一个谜题。不过艾米莉没机会去确认了，因为斯隆先生突然从椅子上站起来，还没等走近讲台，就开腔跟基斯林老师攀谈了起来。

“课上得真棒，布雷恩。太棒了。”斯隆先生似乎无意放低声音，艾米莉几乎听得清清楚楚，“不过你是否考虑过把那些作业题改成小组讨论呢？我曾读过一篇研究，上面说孩子们通过对话可以建立起更多的情感联系……”

没等斯隆先生说完，基斯林老师便抬起一只手示意他停下：“现在得保持安静。”

“当然，当然。但我真的想说……”

“哈利。”基斯林老师的声音压得很低，听上去也很有耐心，“学生们需要保持专心。麻烦你声音小点儿。”

接下来两人的声音便低了下去。詹姆斯对着艾米莉做了一个搞怪的表情：“看起来基斯林老师倒挺高兴他的朋友到我们班上旁听的，你觉得呢？”

艾米莉咧嘴一笑，摇了摇头。

放学后，艾米莉和詹姆斯来到霍利斯特书店。推开书店的门，门把手上的铃铛发出熟悉的叮当声，然而收银台前迎接他们的却是一张陌生的脸——或许说不上是“迎接”，因为那个大学生模样的男生只是皱着眉头抬头看了他们一眼，便又继续看他的书去了。他耳朵上打着耳钉，一脸络腮胡，乍一看像脸颊和下巴上糊了厚厚一层咖啡渣。

“霍利斯特在吗？”詹姆斯问。

艾米莉不确定那个男生是否听到了詹姆斯的话，因为他并没有抬起头，不过紧接着就听到他回答了一句：“他在这儿。”

詹姆斯等了等，见对方无意进一步提供确切信息，便说：“我想我们可以自己找到他。”

他们朝书店后面走去，没走几步就听到霍利斯特踏着重重的步子从通往阁楼的铁楼梯上走下来，他管那阁楼叫“树屋”。

“嘿，孩子们。星期二快乐呀！”

“坐在前台那个家伙似乎并不快乐。”詹姆斯说。

“谁？你说查理？”霍利斯特不屑地摆摆手，“那家伙总是懒洋洋的。跟我来。”

他们跟着霍利斯特回到前台。“查理是个万事通，会电脑编程，懂网站设计，还是个社交媒体专家。你是不是还说过你是个 DJ？”

“差不多吧。”查理说。

“他不仅会这么多东西，还是全日制大学的在校生。”

霍利斯特边说边摇了摇头，“真不知道你是怎么做到的。”

不知道霍利斯特的奉承话有没有让查理暗自窃喜，即使有，他也没有表现出来一丝一毫。只见他调转铅笔，用铅笔末端的橡皮擦在书上擦了擦，接着便继续埋头学习了。

“我雇查理来帮我搞定一些技术方面的事，帮我修修电脑，替书店在社交媒体上做做宣传。我弄了一个网站……”

查理闻言露出不悦的表情，霍利斯特却吃吃地笑起来。“这网站相当管用呢，可以查询很多东西。现在查理正在帮我打理它——”

“确切地说，更像是从头开始。”查理说道。

“然后我们还会在社交媒体上给书店开设主页。看到我多需要他了吧？”霍利斯特说，“这些跟电子有关的东西，我这种成天跟书和纸打交道的人可玩不转，但对于未来的发展趋势你又不能视而不见。除非不想在这行继续做下去了，否则还是得跟上时代的节奏。”

艾米莉想到之前父母间的那场对话，他们也提到爸爸的一个出版商客户破产了。艾米莉的爸爸至少还可以找别的客户，但霍利斯特却只有这个书店。要是书店关了门，艾米莉肯定会很伤心的。不过也真是讽刺，查理这种不爱社交的人居然被拉来帮霍利斯特打理社交媒体。

“霍利斯特，你还有其他需要帮忙的吗？我也希望能挣点钱呢。”话一说出口，艾米莉就后悔了。她刚才还在担心霍利斯特的书店是否能维持下去，却转头就开口让他花钱雇自己。

但霍利斯特似乎并不在意。“可惜节日季刚刚过去，每年那个时候我都需要找人包装礼品。”他摸了摸鼻子，似乎在思考着什么。

“你需要钱？”詹姆斯惊讶地小声说。

艾米莉耸了耸肩：“我的零花钱很少。”她没有跟詹姆斯提父母经济拮据的事儿，因为詹姆斯的外婆正是她家的房东。艾米莉知道詹姆斯不会随便说出去，除非他确信可以帮上忙，可万一这些事又传回到父母那里就不好了。

“你年纪还太小，我没办法正式雇用你，”霍利斯特说，“不过要是你能让你的父母写一封确认函给我，我想我或许能做些什么安排。可能不会有太多活儿，或者什么重要的工作，起码能安排点事给你做。”

艾米莉向前一跃，一把抱住了霍利斯特。这样一来，她就可以神不知鬼不觉地帮父母省钱了。“哦！”霍利斯特说，“谢谢你，艾米莉！查理，我也给你提供了工作，怎么不见你也这么热情？”

查理翻了一页书，当作回应。

“嘿，霍利斯特，”詹姆斯说，“你的社交媒体现在做得怎么样？”

查理用毫无起伏的声音说道：“我在帮他升级操作系统，很快就要完成了。”

霍利斯特点点头，好像在说“原来如此”。“所以你俩今天过来是为了什么呢？”

“我们能在你书店里藏一本书吗？”

“当然可以，去吧。”霍利斯特说。

艾米莉和詹姆斯低头讨论了一会儿，商量应该把这个装着《汤姆·索亚历险记》的绿色拉链袋藏在哪儿。最后，他们从前台旁边的一堆印有“旧金山”字样的手提袋里选了一个，把书藏了进去。

“嘿，霍利斯特，”刚藏好书，艾米莉便迫不及待地大声问道，“你听说过‘无法破译的密码’的事吗？我们基斯林老师是……”

查理发出一声抱怨：“他还在布克中学？基斯林老师最糟糕了。”

“你也在布克中学上过学？”詹姆斯问。

查理点点头：“所以他还总是絮叨‘无法破译的密码’的事？”

艾米莉和詹姆斯互相交换了一个眼神。

“也没有，”艾米莉小心翼翼地说，“难道你听过？”

“当然，因为他老是念叨那件事。我当时在他班上上课，那时有一本叫《39 条线索》的书很流行，好多同学都被那本书迷住了，所以也就有了后面的故事。基斯林老师总喜欢讲那些真实生活里的未解之谜，比如‘无法破译的密码’之类的。”

霍利斯特吹了一声又低又长的口哨。“‘无法破译的密码’。好多年没听过它了！”

“你也知道它？”艾米莉问。

“当然，当然。几十年前，它可是人尽皆知的大事呢。那时你们还没出生呢吧。一开始的新闻，是在城市底下发现了一艘旧船……”

“奈安蒂克号？”艾米莉说。

霍利斯特点点头，扬起了眉毛：“我印象很深！没错，就是这个名字。那艘船上了新闻，同时还有关于那个密码的传说。据说它逃过了奈安蒂克号上的大火。具体细节我也记不清了，但那时候掀起了一股试图破解密码的热潮。”

艾米莉咬着嘴唇。他们知道奈安蒂克号被发现的时候，基斯林老师就在现场，所以他很可能也参与了当时的破译热潮。

“不过，密码没有被破解出来，对吧？”艾米莉问。

“是的，我想应该没有。如果你们也听说了奈安蒂克号的事，估计你们知道的和我差不多。尽管……”霍利斯特欲言又止，拨弄着自己的手指头，“你们知道八十年代的时候，是谁带头组织当时的破解行动的？”

“谁？”艾米莉和詹姆斯异口同声地问。艾米莉本以为从霍利斯特的嘴巴里说出来的会是基斯林老师的名字，结果并不是。

17

“是格里斯沃尔德先生。”霍利斯特说。

“格里斯沃尔德先生?!”艾米莉和詹姆斯再次异口同声地重复道。

“你确定吗?”艾米莉问。

“我虽然老了，但记忆力应该还不至于退化成这样。”霍利斯特大笑起来，“是的，我确定。”

艾米莉和詹姆斯交换了一个眼神。

“那么……”艾米莉想起前些日子去贝赛德出版社的事。当他们问起“无法破译的密码”的时候，格里斯沃尔德先生为什么不多给他们讲一些当时的情况呢?“你觉得格里斯沃尔德先生的记忆力会不会有问题?”

“我们上周见过他，也问过他关于‘无法破译的密码’的事。”詹姆斯解释道。

“可他似乎并不知道我们说的是什么。”艾米莉补充说。

“你们是说最近吗？”霍利斯特清了清嗓子，“这个嘛，我想可能是受伤所致。”霍利斯特的表情看上去很担心：“以前他肯定是对密码了解最多的人。我亲眼见识过他那时候的疯狂。那时我们还在一起经营这家书店，他坚信大家对‘无法破译的密码’的热情可以为书店拉来客流，但除了多卖出几本跟寻宝和解密有关的书，我们也没得到其他什么收益。”

“奇怪。”艾米莉轻声自言自语。她想起上一次见到格里斯沃尔德先生时的情景，他是那么疲惫和颓丧。“你最近见过他吗？我是说自他出院之后。”

霍利斯特把一只手搭在艾米莉肩头，用他那双温柔的眼睛盯住艾米莉。“他受了很多罪。不过加里总会重新振作起来的。不要担心。”

艾米莉也希望霍利斯特的话能让她放心一些，可她却控制不住，她还是很担心。

星期三基斯林老师的课上，艾米莉一上课就从书包里翻出一张纸，那是她前一晚从霍利斯特书店回家后打印的。“上学路上忘记给你看了。”艾米莉把纸递给詹姆斯。

“这是格里斯沃尔德先生很久之前做的一个访谈，我在‘寻书侦探’网站上找到的。”艾米莉说。网站的论坛上有一个关于加里森·格里斯沃尔德的专门版块。几年前，有一个“寻书侦探”用户把这篇采访上传到了论坛上。

看到采访配图，詹姆斯不禁大笑起来：“你看他的头发！真没想到他的头发原来这么卷。”

“还有他的条纹裤子也很可爱，”艾米莉说，“但这不是最有意思的部分，你往下读。”

接受这次访谈时，格里斯沃尔德先生刚创办贝赛德出版社不久，距离创建“寻书侦探”网站还有十多年。

采访者：众所周知，您是一位寻宝爱好者。1980 年，在您的带领下，掀起了那场破解淘金热时期密码的热潮。据说解开那则密码，就能找到淘金者埋藏的宝藏。此外您还参与了英格兰化装舞会寻宝。为什么您特别钟情这种活动呢？

格里斯沃尔德：寻宝活动能够充分发挥人们团结协作的精神，这是最让我着迷的。寻宝能迫使你慢下来，但同时又会让你极度专注，小心倾听周围的一切传递给你的信息。那块石头只是一块石头吗？还是隐藏着什么宝贵的东西？司空见惯的风景中隐藏着宝贵之物，平平无奇的日常中蕴藏着意外之喜——我喜欢这种想法。

寻宝最宝贵之处并不在于最后找到宝藏——绝不是这样。有些人总是谈论一夜暴富之后他们会做些什么，我对此并没有兴趣。任何专注于结果而不注重过程的人都将错过很多东西，更不用说最后的结果也未必会让人惊喜。

采访者：为什么这么说呢？

格里斯沃尔德：因为谁都无法控制结果。不管是寻宝还是别的什么——一场友谊或者一次商业投机，你唯一可以控制的就是你自己。你的行动和反应决定了你将拥有的旅程。它是神奇的？美妙的？让人恐惧的？你会成为牺牲者还是英雄？一切都取决于你自己。

采访者：寻宝之所以如此吸引人，是因为它能让人暂时逃离现实世界中的艰难和压力吗？

格里斯沃尔德：并非如此。这不是一种逃避，而是一种慰藉。任何我们带着激情和好奇心去追求的事物都能治愈内心创伤。这跟我创办出版公司的理念是殊途同归的。我想让这个世界处处充满珍宝，找到那本能让你有所共鸣的书也是一种寻宝。我希望能为他人做些什么，推动这个世界变得更好、更有趣、更积极。

"说得很好。"詹姆斯说。

"你不觉得吗？"艾米莉拿回访谈，整齐折好放进包里，"这句话——'任何我们带着激情和好奇心去追求的事物都能治愈内心创伤'——总让我想起他的现状，跟之前大相径庭。这让我难过又担心。"

"像是整个人都崩溃了。"詹姆斯深以为然地说。

"下次我们再去开顾问会议的时候，我要把这篇文章带过去给他看。或许读到自己以前说过的话能让他振奋起来。不过，真希望可以不用等，今天下午就能拿给他看。"

"这个嘛，其实我们可以的。"詹姆斯给了艾米莉一个眼神，史蒂夫也直直挺立，像手指一样指示着方向，"但你不是想参加舞蹈委员会嘛。"

"你也不一定非得自告奋勇加入。"艾米莉说。

詹姆斯耸耸肩。

"你们两个都参加舞蹈委员会了？"马迪在身后喊道。

"管好你自己的事吧，马迪，"詹姆斯说，"我可不想听你说'你们肯定会让它变成有史以来最无聊、最没劲的舞会'之类的话。"

马迪正想反驳，上课的铃声响了起来，艾米莉和詹姆斯回到座位。基斯林老师拍拍手，告诉同学们要开始上课了。

放学后，艾米莉和詹姆斯去参加他们的第一次舞蹈委员会会议。艾米莉也不知道为什么，但她总忍不住想象这个会议应该是在一个摆着沙发、墙上贴着校训的房间里举行的，房间里还有放满苏打水的迷你冰箱和一桶爆米花。也许她这种想象来自曾经看过的电视剧？当她发现舞蹈委员会只是在詹姆斯的科学课教室里举行时，不由得大失所望。黑漆漆的桌子，后排的柜子里摆着一排排的烧杯，墙上贴着元素周期表，一点儿也没有她想象中的那种交新朋友的氛围。

詹姆斯的科学课老师奥尔特加女士是舞蹈委员会的指导教师。詹姆斯曾经跟艾米莉提起过，奥尔特加老师怀孕了，挺着个大肚子。看来他确实没有开玩笑，奥尔特加老师的肚子圆鼓鼓的，看起来像是一个小架子，她在教室里来回走动的时候还会小心地把手搭在肚子上。

詹姆斯成功地把双胞胎凯文和戴文也忽悠进了委员会，所以他不至于成为这里唯一的男生。艾米莉和詹姆斯到的时候，双胞胎已经到了，正围着一张桌子玩卡片。妮莎坐在他们旁边，正在笔记本上写着什么，薇薇安则拿着她的活页夹，眼睛直勾勾地盯着门口看都有哪些人到了。

“找个位置坐。”薇薇安说，然后在活页夹上唰唰打了两个钩，“还有一个人会加入我们，不过我们可以先开始——哦，你好，马迪。”

艾米莉回头，看到马迪正走入教室，原来委员会最后一位成员是她。詹姆斯叹息一声：“我早该想到的。你确定你还想参加吗？”

“听起来挺有意思呀。”艾米莉说，尽管她心里也在打鼓。最开始主动参加的时候，她确实觉得这个想法不错。

“大家都会参加两周后的天使岛野外考察吧？”奥尔特加老师问。

“老师，您不会去的，对吧？”马迪在艾米莉对面选了一个位置坐下，眼睛直勾勾地盯着奥尔特加老师的肚子。

“当然会去。我可是教师监护人的一员。”

“我以前去过天使岛，”马迪说，“得走好多路。”

“看在上帝的分上，马迪。我可是还有两个月才到预产期呢。”

薇薇安用笔敲了敲活页夹：“我们现在开始吧。”

“所以，情人节舞会的计划是什么？”马迪问。

“首先需要纠正一下，是总统日舞会。”薇薇安说。

“我们应该搞一个化装舞会，”詹姆斯说，“薇薇安，你要是粘上林肯的大胡子，肯定很好看。”

奥尔特加老师清了清嗓子：“你们为什么不列一张待办事项清单呢？然后……”

“我们真的需要一个主题吗？”戴文问道，又把一张卡片甩在了桌子上。他的双胞胎兄弟把那张卡片拿开，把自己手上的两张卡片放在了桌上。

“或者说为什么不定一个酷一点的主题？”凯文补充道，“比如‘游戏联盟’。”说完，他还冲空中挥了挥手，仿佛已经能看到那条幅似的。

“游戏联盟？”薇薇安气急败坏地说道，“那是什么？”

“你知道的，有点像动漫节，只不过是以游戏和一些类似的东西为主题。很有创意吧？”

“以总统日为主题才叫创意，”薇薇安据理力争，“游戏联盟太幼稚了，傻里傻气。”

“嘿，嘿，表达自己的观点就好，用不着互相攻击。”

奥尔特加老师说。

“傻？”凯文一只手掌按在胸前，大口喘气，“你听见了吗，戴夫？哦，天哪，看来只有跳舞不傻，我都忘了到时候申请大学，斯坦福大学还得看我们的土风舞技巧呢。”

“不，不，哈佛大学才会重视土风舞技巧，”戴文说，“斯坦福大学只关心我们的扭臀舞跳得怎么样。”

“我还是觉得应该以情人节为主题，”马迪插嘴道，“那可是情人节。大家都会把它当成情人节舞会的。”

这种对话让艾米莉想起自己家里的争论场景，比如那次他们从康涅狄格州驱车前往科罗拉多州时，原本打算在芝加哥附近停车过夜。白天已经在车里坐了差不多六个小时，大家都已又累又饿，几近抓狂，却怎么都无法就晚餐吃什么达成一致。马修想到城里找一个地方，边看乐队演出边吃东西。爸爸则想干脆开到威斯康星州吃奶酪凝块，因为他觉得他们一家在伊利诺伊州住了这么多年，居然没有人吃过这种食物。艾米莉的妈妈想到内伯维尔吃东西，顺便再去一次她最喜欢的安德森书店。但艾米莉想去哈迪吃晚餐，她想念那里的墨西哥酸辣椒卷。

关于舞会的争执让艾米莉觉得不太自在。

“为什么不能都有呢？”她突然说。

所有争论戛然而止，艾米莉一瞬间以为自己出现了错觉，所有人都转过头来看她。

“总统风情人节的游戏联盟？”薇薇安一字一顿地说。

詹姆斯挠着头发，手指摩挲着史蒂夫。

“我们可以打扮成总统的模样，”艾米莉说，“如果大家想增加一些情人节元素，可以扮成总统夫妇的模样来参加舞会。”说完，艾米莉冲皱着眉头的马迪点点头。艾米莉知道这八成不是马迪想要的那种浪漫舞会，但管不了那么多了。“我们还可以玩一些游戏。”格里斯沃尔德先生曾经把她和詹姆斯两个人的想法合二为一，或许他们现在也可以仿照这种思路。

“游戏？”薇薇安大叫起来，“在舞会上？”

“当然也可以跳舞，”艾米莉说，“只是……为大家提供更多选择。”

“六个年级的舞会，又不是人人都愿意跳舞。”詹姆斯说。

马迪转了转眼睛：“倒也是。”

“服装可以是总统主题和游戏主题的混搭，”凯文说，“比如亚伯拉罕·孔。”

“亚伯拉罕·孔？”戴文缩着鼻子问。

“就是亚伯拉罕·林肯与大猩猩金刚的混搭。或者塔夫脱人——吃豆人和塔夫脱总统的结合体？”凯文耸耸肩，“我觉得我们可以按这个思路来做，我投艾米莉一票。”

戴文早已忙着看他的卡片去了，这时也不忘小声附和一句：“我也是。”

“我们又不是在投票！”薇薇安双手压在桌子上，腾地一下子站了起来。

“我也赞成。”詹姆斯说。

“奥尔特加老师！”薇薇安和马迪几乎是异口同声地

喊了出来。妮莎还是在笔记本上写东西。

詹姆斯冲艾米莉微微一笑。艾米莉这才意识到她的想法居然获得了多数人的支持，她本该欣喜若狂，手舞足蹈地庆祝——不是为自己出了风头而高兴，而是为自己突破之前的自我而欣喜。她参加了学校的集体活动，不再只是当个隐形人，独自做着看书和寻书的白日梦。可是万一这个总统风游戏联盟情人舞会变成学校历史上最滑稽可笑的舞会，那该怎么办呢？

奥尔特加老师也鼓起掌来。“很好！总统日游戏联盟听起来就很有意思，对吗？”

“我也同意。”妮莎轻声说，然后又接着写东西去了。

马迪一屁股坐回自己的位置。“随便你们吧。”

“那好吧。”薇薇安说着，用笔指着妮莎，“你把这些都记下来了吗？”妮莎点点头，薇薇安接着又说，“恭喜你成为我们委员会的秘书。”从笔记本夹板的写字声可以听出，薇薇安似乎画掉了先前的主题，写下了“总统日游戏联盟舞会”这几个字。“至少这不算一个鼓励情侣们卿卿我我的主题。好了，真正的工作要开始了。我们需要把消息散播出去：海报、传单、晨间广播。”

马迪举起一只手：“我来做海报，我喜欢画画。”

“我也可以帮忙。”妮莎轻声补充道。

“我们还需要点心……”

“吃的！”戴文疯狂地摆起手，“我们喜欢吃的！”

薇薇安叹口气又继续说：“还有会场的装饰、迎宾人员，还需要一个 DJ……”

“我们认识一个 DJ，”艾米莉插嘴道，然后她转头对詹姆斯说，“对吧？查理不是说他可以做 DJ ？”

“你真觉得他可以为中学舞会演奏音乐？”

“我们可以付他五百美元。”薇薇安说。

詹姆斯吹了一声口哨：“或许我可以做你们的 DJ，我可以凑出一张歌曲清单。”

薇薇安转了转眼珠，又把问题抛向艾米莉：“你可以跟那个叫查理的人说说吗？”

艾米莉点点头：“当然。”

舞会的事暂时告一段落，艾米莉成功参与其中，她的话改变了事情的发展方向——还是两次，只是结果如何暂时难以预料而已。

18

这一周接下来的几天过得飞快，他们忙着构思舞会的策划方案，当然也没忘了试着去破解那个“无法破译的密码”，只是依旧毫无进展。等艾米莉从繁忙中回过神来，才发现已经星期天了。她来到詹姆斯的房间，继续讨论舞会的策划方案，他们都觉得可以在健身室的地板上画一个大棋盘，用来玩总统日活动的游戏。正说着，艾米莉突然跳起来。

“我再去看看。”

詹姆斯哀号一声：“你一小时前刚去确认过。”

“说不定就在刚才这一个小时里，那本书已经被找到了呢。”艾米莉说着，摇了摇鼠标唤醒电脑。

前一天在霍利斯特书店帮忙的时候，她过一会儿就去翻开手提袋，看看《汤姆·索亚历险记》还在不在，结果没有任何变化。直到她下班，书都好好地藏在原地。

艾米莉用马修的账户登录“寻书侦探”网站，开始浏览信息。他们用马修的用户名藏起来的那本《汤姆·索亚历险记》还是原来的状态。基斯林老师没有上钩。

这让艾米莉十分沮丧。她很熟悉这种感觉，有时面对一个本应轻而易举就能解出的谜题，却怎么也解不开——就和那种感觉一模一样。

而且还有更让她忧心的事，基斯林老师在破译“无法破译的密码”的道路上已经取得了什么进展呢？他是否知道那些字母的意思？甚至有没有可能他早已破译了出来？虽说这样一个传奇谜题被解开，报纸新闻上肯定早就开始连篇累牍地报道了，不可能像现在这样风平浪静。可基斯林老师看起来不是那种为了名利去解谜的人，他更多的是为了挑战自己。当然，找到金子的可能性也很吸引人。艾米莉分析着各种可能性，感觉她自己解谜的动机也和基斯林老师差不多。

艾米莉十分不安，总想找出点什么，于是她开始搜索“巴贝奇”，也就是基斯林老师的用户名，想看看他最近在做些什么。可他的个人主页上，除了一周前在红杉公园里“找到”的那本书，就再没有其他新鲜事了。藏那本书的人叫库尔布里斯。

出于好奇，艾米莉点开库尔布里斯的个人主页，看到他居然只藏过四本书。但当她点开那四本书的清单时，却惊讶得差点从椅子上跳起来。

“詹姆斯，库尔布里斯藏过的书竟然都是《汤姆·索亚历险记》。”

“这太奇怪了。”詹姆斯说。

“也太巧了。”艾米莉补充道。

“渡轮大厦。”詹姆斯点开了其中一个藏书点。“你好像说过，去年十月我们去找却被别人抢先的那本书，就是《汤姆·索亚历险记》？”

艾米莉感觉脖子一阵发麻。她知道基斯林老师找到过不止一本《汤姆·索亚历险记》，但她一直以来都只是好奇老师和那本书的关系，以及这是否跟“无法破译的密码”有关，从来没想到过会有这种可能——那些《汤姆·索亚历险记》居然都是同一个人藏起来的！不过页面上的信息告诉她事实确实如此，库尔布里斯藏过四本《汤姆·索亚历险记》，分别是去年十月在渡轮大厦，十一月在教会区，十二月在华盛顿广场，以及今年一月在马克·吐温广场，而每次找到书的用户无一例外都是巴贝奇。

艾米莉在网站的搜索栏输入巴贝奇和库尔布里斯这两个用户名进行搜索。搜索结果中排在第一位的是一个不起眼的论坛帖子，标题为“给巴贝奇的寻找挑战”。

“寻找挑战！我早该想到的。”艾米莉说。

“什么是寻找挑战？”詹姆斯问。

“这是一个游戏中的游戏。‘寻书侦探’用户有时会向其他用户发起寻找挑战，或者创建一个公开的寻找挑战，人人都可以参与。寻找对象可以是你能想到的任何东西，比如找齐书名首字母以26个字母打头的书，或者特定时间段出版的书。这种寻找挑战有时会有奖品，但通常都只是荣誉，或者一份友谊。”

这个论坛帖子里只有库尔布里斯和巴贝奇之间的来回互动，不过库尔布里斯的信息都是用数字写的，而非字母。

詹姆斯拍了拍脑袋，引得史蒂夫都跟着颤抖。“那天看到基斯林老师的时候我就应该猜到的。”

“什么？”艾米莉看了詹姆斯一眼，然后又赶忙看回屏幕。

“两个人来来回回地藏一本书？这显然就是把书当作密码本了嘛！”

“当然。”艾米莉轻声自言自语。

用这种方法传递密码简直太方便了，找到书就找到了密码表。一方在书页中选取字词组成要传递的信息。另一方找到书之后，再对照着解开密码——第几页、第几行、第几个单词，三个数字就能表示一个单词。

“基斯林老师在红杉林翻阅那本书时，肯定就是在解读留给他的信息。”艾米莉说。

艾米莉和詹姆斯把巴贝奇和库尔布里斯在帖子上的留言互动全部浏览了一遍。

BookScavenger.com> 论坛 > 寻找挑战 > 给巴贝奇的寻找挑战

挑战代号：回首旧时光

库尔布里斯向巴贝奇发起寻找挑战，以下为库尔布里斯设定的规则：

1）不得有他人帮助。

2）第一个找到书。

3）破解信息。

4）把书放回原处。

5）当你收到奖品，就意味着挑战宣告结束。

库尔布里斯

等级：百科全书小布朗　　　　发布于 10 月 8 日 23:12

帖子：1

让我们来继续当年未完成的一次冒险，完成第一个挑战后，你会了解更多：

www.bookscavenger.com/october/FerryBuilding_267

你要解开的信息：

(193, 3, 1)(33, 21, 5)(85, 17, 9)(173, 19, 6)(21, 18, 3)

巴贝奇

等级：夏洛克·福尔摩斯　　　　发布于 10 月 9 日 8:23

帖子：74

罗比？

库尔布里斯

等级：百科全书小布朗 **发布于 11 月 5 日 6:35**

帖子：2

第一轮完成得很好。这是你的第二个挑战：

www.bookscavenger.com/november/Mission_935

你要解开的信息：

（75, 2, 1）（1, 11, 6）（179, 1, 4）（165, 24, 5）

（1, 7, 3）（63, 18, 1）（178, 1, 7）

巴贝奇

等级：夏洛克·福尔摩斯 **发布于 11 月 11 日 16:23**

帖子：75

你不是罗比，对吗？

库尔布里斯

等级：百科全书小布朗 **发布于 12 月 27 日 5:15**

帖子：3

又到了解密时刻，下面的线索可以让你知道我是谁：

www.bookscavenger.com/december/WashSquare_094

你要解开的信息是：

（21, 9, 10）（209, 7, 6）（66, 27, 2）（43, 32, 8）（157, 2, 5）

（235, 6, 9）

巴贝奇

等级：夏洛克·福尔摩斯 **发布于 12 月 28 日 13:35**

帖子：76

我弄丢了卡片，但我知道是你，米兰达。想见面谈谈你的新发现吗？

库尔布里斯

等级：百科全书小布朗 **发布于 1 月 5 日 13:35**

帖子：4

www.bookscavenger.com/january/MarkTwainPlaz_012

你要解开的信息是：

(64, 3, 1) (33, 21, 5) (85, 17, 9)

(173, 19, 6) (143, 12, 9) (89, 3, 10) (3, 17, 2)

“他管库尔布里斯叫米兰达。”詹姆斯指着十二月发布的那个回帖，“我好奇他说的‘新发现’是什么。”

不过这个名字倒是让他们想起了些什么——他们曾在海事博物馆看到过这个名字。“米兰达？难道是米兰达·奥利达，奈安蒂克号发掘现场的那个女孩？”这么特别的名字确实让人很难忘记。

“也就是说，向基斯林老师发起寻找挑战的是他的高中或者大学同学？”詹姆斯问。

“要是那本《汤姆·索亚历险记》在手边就好了，”艾米莉说，“我们就可以破解这上面的信息，看看他们到底在说些什么。”

“去拿一趟不就行了？今天是星期天，霍利斯特书店还开着门呢。”

艾米莉和詹姆斯走入书店，看到查理正弓着腰用手机给桌子上的一小堆书拍照，平时那张桌子上放的一直是文学主题的T恤。只见他用手机拍了一张照片。

“嘿，查理。”艾米莉在查理背后向他打招呼。

查理猛地转过身，面对着他们。

“你干吗那么紧张。”詹姆斯说。

“你干吗那么多嘴。”查理又恢复到往常那种懒散的样子，他冲桌上的那堆书努努嘴，“这是为霍利斯特书店的主页创作的主题诗歌。用书名排成一首诗。”

查理排出来的书名是：

《一只接一只的飞鸟》

《飞越疯人院》

《拯救溺水的鱼》

《在动荡的年代相爱》

“有意思。”詹姆斯摆出一副品评艺术品的架势，“所以意思是说鸟爱上了鱼？而且它们疯了？因为爱上了鱼所以疯了？”

艾米莉推了推詹姆斯，因为查理似乎并不觉得这番话很幽默，而他们这次来其实是想请查理帮忙的。

“嘿，查理，你之前是不是说过你还是个DJ？”

查理把书移来摆去，退后一步，又拍下一张照片。“没错。”他说。

“那你可以为我们学校舞会当一回DJ吗？差不多一

个月以后，情人节那天。”

“我可不会给一群孩子打歌。”查理说，眼睛盯着照相机屏幕上的照片。

“我们可以付你五百美元。”詹姆斯补充说。

这倒是引起了查理的兴趣，他从后裤袋里掏出一张名片。“把资料发给我，我看看能不能干。”

艾米莉和詹姆斯在书架上找了一本《汤姆·索亚历险记》，随后到角落里那张蓬软的紫色椅子上坐下。艾米莉坐在椅子上，詹姆斯则坐在扶手上。在书店里找一本《汤姆·索亚历险记》比重新从那个手提袋里把书翻出来要省事，而且艾米莉也有点不想动那本已经藏好的书，以免基斯林老师来找。

“你看，”艾米莉说，“十月的信息第一个词是在第一百九十三页，第三行，第一个词。”

詹姆斯翻到相应的位置。“是‘做’。”

艾米莉接着又报出两组数字，詹姆斯找到单词并大声念出来：“做，幽灵，混乱。”

“这根本说不通嘛。”看着笔记本上的三个词，艾米莉也直皱眉头。难道她从网站上抄数字的时候不小心抄错了？

“肯定是这一版的排版不一样，”詹姆斯推测道，“库尔布里斯每次藏的肯定都是不同版本的《汤姆·索亚历险记》。”之前从书架上拿书的时候他们就注意到，这本书的封面跟他们藏起来的那本不一样，只是当时没有多想罢了。

“仔细想想的话，你说得还真有道理。”艾米莉说，“如果总是同一个版本，那压根儿就不需要去找新的书以破译新消息了。用我们藏起来的那本书肯定能破解出一月的信息。”

詹姆斯拿着书拍了拍膝盖。“这样说来，这本书说不定对应着其他某个月份的信息。我们用其他月份的信息试试。”

于是艾米莉找出十一月的那段密码念了起来，但找出来的词更加让人摸不着头脑。接着他们又试了十二月的密码，这一次总算有所收获：

Flower bag will lead to me.

（找到花包就能找到我。）

艾米莉大喘一口气：“花包！那个印花的手提袋！基斯林老师偷东西的那个。”

“我就说他不是偷东西吧。是这个女人让他去那里找的。”

“也就是说他丢的那张密码纸就是那个女人留给他的。”艾米莉说。

詹姆斯从紫色软椅的扶手上站起来，来回踱了几步，然后在艾米莉面前停住：“我来捋一捋。库尔布里斯其实是一个名叫米兰达的女人——我们姑且认为她就是米兰达·奥利达，也就是照片上跟基斯林老师一起的那个女人，那是他们少年时代在奈安蒂克号的发掘现场拍下的照片。”

“对，”艾米莉表示赞同，“而她在签售会上留给基斯林老师的卡片上写道，破解那个‘无法破译的密码’之后就可以见面。”

“别忘了还有后面的话——那张纸条不是还说把答案跟下一本书放到一起吗？她指的肯定就是下一本《汤姆·索亚历险记》。”

艾米莉跳起来。“我们找一找其他的版本，看看能不能把剩下的信息也都解读出来。”说完，艾米莉便朝那个女式手提袋走去，把他们藏的那本《汤姆·索亚历险记》翻了出来。刚才的发现令她倍受鼓舞，把之前的顾虑全抛到了脑后。詹姆斯则从霍利斯特书店的书架上又取下了一本新的《汤姆·索亚历险记》。

艾米莉指指詹姆斯手上的书。“先看你的那本，试试十月或者十一月的信息。”

两人继续一个报出数字，另一个翻书查找，可惜这本书解不出十月的信息。

“接下来试试十一月的，”艾米莉说，“第七十五页，第二行，第一个词。”

“我。”詹姆斯大声念出来。

“第一页，第十一行，第六个词。”

“有。”

“第一百七十九页，第一行，第四个词。”

“新的。”詹姆斯眼前一亮，与艾米莉对视一眼。他们已经拼出了一半的句子，并且到目前为止的三个词都说得通。詹姆斯点点头，示意艾米莉继续。

“第一百六十五页，第二十四行，第五个词。”

“消息。”詹姆斯说。

艾米莉感觉心脏怦怦乱跳。“‘我有新的消息’。基斯林老师在论坛上曾经跟库尔布里斯说，想见面谈谈她的新发现。会不会就是跟‘无法破译的密码’有关？”

艾米莉继续读出剩下的三组数字，看着詹姆斯一个接一个查出单词，不由得愈发激动，没等詹姆斯找完最后一个词，她就迫不及待地读出了整条信息：“我有新消息，关于……”

“地图。”詹姆斯补充上了最后一个单词。

19

“地图？”艾米莉难以置信地从詹姆斯手上扯过书。

“那儿。”詹姆斯给她指出单词的位置。

艾米莉对照着笔记本上的数字再次确认了一遍——页数、行数、字数，詹姆斯没数错。

“你知道这意味着什么吗？”艾米莉问。

詹姆斯已经高兴得合不拢嘴了：“‘无法破译的密码’竟然有地图！”

绝望和希望的感觉同时向艾米莉袭来。让她感到绝望的是，基斯林老师或者他的朋友肯定是解开了密码，所以才知道有地图，而同时这地图又让她无比期待和好奇。

“我们再看看最近一条消息说的是什么。”艾米莉暗暗希望，最新的消息说的是如何找到那张地图。

詹姆斯拿起他们在红杉公园找到的《汤姆·索亚历险记》，艾米莉则把一月的密码依次念出来。詹姆斯找出全部的单词后，大声念道："我改变了心意，你得靠你自己了。(Change of heart. You're on your own.)"

艾米莉和詹姆斯沉默了一阵，咀嚼着这几个词。艾米莉说："改变心意？难道米兰达是基斯林老师的女朋友？"

"难道我们……我们的老师被抛弃了？"詹姆斯问。

"还是通过密码抛弃的。"艾米莉补充道。

"通过'寻书侦探'的寻找挑战。"詹姆斯不禁哀叹一声。

让艾米莉意外的是，她发现自己竟然有些同情基斯林老师。尽管她在上学的第一天，就因为在课堂上传纸条，遭到基斯林老师丝毫不留情面的批评，场面一度十分尴尬。基斯林老师的确很严格，但并不是有意针对谁。虽然他算不上那种亲切风趣的老师，但起码能对学生一视同仁。想想不苟言笑的基斯林老师居然通过寻书游戏跟以前的女友联系，竟莫名觉得他有几分可爱。

这时，书店前门处一阵响动，接着便传来霍利斯特的一声惊呼。艾米莉和詹姆斯连忙跑过去，看到霍利斯特正扶着一辆堆满纸箱的移动手推车。最上面的箱子掉了下来，里面的书散落一地。

"没事吧，霍利斯特？"艾米莉问。

"没事，没事。"霍利斯特摇摇头，他稳住手推车，然后绕到前面去捡地上的书。艾米莉和詹姆斯也连忙蹲下，帮他一起捡。

"我总是笨手笨脚的。"霍利斯特说，"我敢打赌，这张桌子肯定是被人移动了几厘米，所以我推着箱子从这儿经过的时候才会被卡住。”

查理正坐在前台写着什么。艾米莉很确定桌子就是他先前拍照的时候移动的，以为查理此时应该会说点什么或者道个歉，但并没有——当然也有可能是他没听到霍利斯特的话。也许是感觉到艾米莉一直盯着他看，又或许是心怀内疚，过了一会儿，查理终于抬起头。

“需要帮忙吗？”他问。

“不用了，有人在帮我了。”霍利斯特说。

散落一地的书又被重新装回了硬纸箱里，纸箱里装的都是同一本书，封面是旧金山的天际线风景。艾米莉拿起一本，翻开书页。“这本书好酷。”她赞叹道。

“是吗？这是刚刚出版的，我们也才刚刚收到货。它讲的是旧金山这些年来的景观变迁，不过这本书本身就是一件艺术品。拿着，好好看看。我自己来收拾这些就行了。”

艾米莉和詹姆斯把书拿到前台，以免妨碍霍利斯特。书的第一页上是旧金山的旧照，与现在的城市面貌截然不同，到处都是还未开发的山丘，只在海边有屈指可数的几栋低矮建筑。

“看，那个海湾很可能就是耶尔巴布埃纳湾。”艾米莉想起那天在海事博物馆跟讲解员之间的对话。随着他们翻阅更多书页，在前面城市轮廓的基础上慢慢出现了更细节的分区，整座城市在他们眼前徐徐展开。

“这让我想起窗格密码，”詹姆斯说，“不过，我从没想过用插图来表现它。”

“窗格密码是什么？”霍利斯特一边把散落的书重新在纸箱里堆好，一边开口问道。

“那是一种用来隐藏信息的方式。每当要把信息藏到一大段文字中，我就总会想起它，不过我觉得它也适用于在图片中隐藏信息。在文字中隐藏信息时，你就可以选一条你要发的秘密信息，比如 attack at midnight（在午夜出击），然后用这些关键词造出一句看似无聊的话，比如 Gary the attack rooster was at it again, practicing his ninja skills at midnight（加里这只战斗公鸡又出击了，在午夜练习他的忍术）。而解密的人就用挖出方孔的硬板纸放到这句话上，然后便能从格子洞中看到 attack at midnight（在午夜出击）这几个字。”

“有意思。”霍利斯特说，“这真是一种巧妙的隐藏方式。”

回家前，艾米莉和詹姆斯把《汤姆·索亚历险记》放回了书架，通过“寻书侦探”找到的那本也藏回了原处。即使基斯林老师不来找，说不定也会有其他的“寻书侦探”用户来找呢。

走在回家路上，想到基斯林老师已经在破译那个“无法破译的密码”上取得了这么多突破，艾米莉感觉心情有点失落。不过她又突然意识到，库尔布里斯提出分手是在基斯林老师要求见面之后，这意味着他们很可能还没有讨论过那张地图，也就是说至少到目前为止基斯林老师掌握的信息跟他们是一样多的——只是知道有这样一张地图存在。

想到这儿，艾米莉稍稍松了口气。同时她也意识到，想要获得有关地图的信息，库尔布里斯应该是一个比基斯林老师更好的突破口。

一个计划浮现在她脑海里。

“你这样做，我应该担心吗？”詹姆斯问，“我想我应该担心。”

他们已经回到了詹姆斯的房间。詹姆斯趴在地上，旁边放着打印纸和剪刀，他正在测试一些窗格密码，艾米莉则坐在电脑旁。

“不，你不用担心。”她说。

艾米莉登录“寻书侦探”网站，试着给库尔布里斯发送私信却没有成功。看来库尔布里斯设置了拒绝接收陌生人的私信。艾米莉只好转向搜索栏，希望能通过米兰达·奥利达这个罕见的名字，搜索到些什么。她运气不错，虽然搜索结果大多是跟夹竹桃有关的，但她还是在其中找到了一个令她惊喜的链接，那是一个剪报论坛用户的个人主页，上面还有照片。照片中的女人虽然已人到中年，但看起来很像多年前跟基斯林老师在奈安蒂克号挖掘现场拍照的那个女孩，主页上还留了电子邮箱。

艾米莉迅速写了一封邮件：

亲爱的奥利达女士，

基斯林先生是我们的老师，也是我们在“寻书侦探”上的好友，他跟我们讲了“无法破译的密码”的事，还告诉我们正跟您合力破解这个密码。他曾给我们看过一张地图，我们想，如果能把那张地图复制一份，然后装上相框送给他当礼物，肯定会让他十分惊喜。可我们不知道在哪儿能找到那张地图。您能告诉我们吗？别忘了保密，这可是一个惊喜哦。

多谢。

基斯林老师的学生

“你不能发出去！”詹姆斯看了之后大声反对。

“为什么不可以？”艾米莉问。

“因为……因为……你在开玩笑吗？首先，我们压根儿不认识这位女士。其次，万一她跟基斯林老师说了怎么办？”

“所以我才选择匿名寄送嘛。我的邮箱有隐私设置。她不会知道是谁发的。她能告诉基斯林老师的，只有他很受学生爱戴，有学生想给他一个惊喜——也不是什么大不了的事情嘛。”

“可基斯林老师知道这完全就是撒谎，因为他从来没跟我们——甚至任何人讲过‘无法破译的密码’的事。他一听就知道这是有人在试图解开那个秘密。”

“严格来说，他在霍利斯特书店丢掉那张纸条的时候，就相当于已经告诉我们了。而任何人都能到图书馆查阅跟‘无法破译的密码’有关的信息，这又不是什么高级机密。不管怎么说，她可能压根儿就不会回复，最坏的结果也不过是一无所获。但万一能给我们带来点线索呢？”

说着，艾米莉点击了发送。詹姆斯用双手捂住脸，又忍不住透过指缝往外看。“真不敢相信你真的这么做了！”

艾米莉咯咯笑起来。得知还有一张地图，这让她重新满怀憧憬。试想一下，被公认为不可能做到的事情，你却做成了，这会是怎样一种荣耀？

20

第二天课上，基斯林老师给他们播放关于古希腊的幻灯片，教室里光线昏暗，只有投影仪发出的微光。艾米莉在笔记本的空白处画了一棵棕榈树，不时抬头看看，在笔记本上草草记下点儿东西。詹姆斯坐在她旁边，正用铅笔在一张活页纸上戳孔，制作窗格密码。戳完最后一个孔，他把纸覆盖到笔记本上试了一下，露出了满意的微笑，然后举起本子向艾米莉展示他的作品：

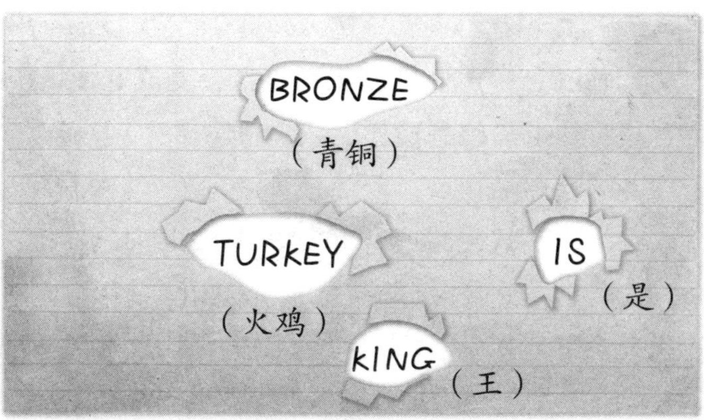

艾米莉看完也笑了起来，不过又迅速把注意力转回到基斯林老师身上，以免被老师发现他俩没有听讲。艾米莉记了几行笔记，心思又飘到了别处，开始给她写在笔记本页首的几个空心字母填色。

Change of heart

（变心）

她一边在字母里面画着斜条纹，一遍回想着上周的事——基斯林老师在课堂上全神贯注地破译那个“寻书侦探”的密码，她和詹姆斯随后跟踪他去了红杉公园。这会儿艾米莉才反应过来，老师在课堂上破译出来的其实是一条分手信息，当时他大概心都碎了吧。

这时，基斯林老师开始擦黑板，但黑板擦一不小心脱手了，弹到他胸口上。基斯林老师捡起黑板擦，拍掉衣服上的蓝色粉笔灰，又继续讲课。他穿的还是上周曾被詹姆斯称赞的那件衣服——也就是他们跟踪他去红杉公园那天。基斯林老师特意穿上新衣服，大概是以为可以见到米兰达吧。

艾米莉叹息一声。她没想到事情会变成这样，总之她还是为基斯林老师感到遗憾。

艾米莉房间里，艾米莉和詹姆斯正低头研究他们之前抄下来的那个“无法破译的密码”。这一整周，他们绝大部分的空闲时间都用在了研究这个密码上。他们盯着那张纸冥思苦想，仿佛能通过目光的力量召唤出文字，从而揭晓秘密，让他们知道那张该死的地图到底在哪儿。

“我们可以直接问基斯林老师。”詹姆斯说。

“你知道那行不通，况且现在我们的处境更加糟糕了。”艾米莉说，“呃，基斯林老师，我们不仅破译了你在签售会上遗失的密信，还跟踪你并破解出了你跟前女友的通信往来。现在我们不仅知道了‘无法破译的密码’，还知道有一张地图，你能告诉我们更多跟那张地图有关的消息吗？”

“听起来没什么啊，别忘了告诉他，你还给他前女友发过邮件。”詹姆斯说，“他到时肯定会帮我们的。”

艾米莉不安地扭了扭身子。“好吧，确实是我发了邮件。”距离她发邮件已经过去了好几天，但并没有收到回复。

“不如我们干脆想象自己就是那个淘金者。”詹姆斯站起来，伸伸腰，又活动活动手脚，仿佛在为比赛进行热身一样，“我是一个头发花白的老淘金客，我藏起了一些金子。我必须确保自己能重新找到它们，于是我用密码写下了提示，还画了一张地图。那么我会把地图藏在哪儿呢？”

“可是这样就要同时保存两个重要的东西，总感觉有些奇怪，”艾米莉说，“比如，万一地图弄丢了呢？又或者是提示信息丢了怎么办？为什么不干脆写在同一张纸上？”

“双重保障反而更安全，”詹姆斯指出，“如果有其他人想找到金子，就必须集齐地图和密码，难度不就更大了嘛。举个例子你就明白了。”

詹姆斯把艾米莉的笔记本翻到新的一页，写下一个密码表：

A	B	C	D	E	F	G	H	I	J	K	L	M
B	C	D	E	F	G	H	I	J	K	L	M	N

N	O	P	Q	R	S	T	U	V	W	X	Y	Z
O	P	Q	R	S	T	U	V	W	X	Y	Z	A

“你看，这是一个简单的替换式密码，”詹姆斯写下一串字母，然后将笔记本还给艾米莉，“现在你对照密码表来破译这条信息。”

SPDLFU DBU DPNF GMZ BXBZ

艾米莉没花几分钟就把信息破译了出来。“火箭猫飞走了。(Rocket cat come fly away.)”她说。

“完全正确！接下来想，如果把这个替换式密码跟栅栏密码结合起来会怎么样呢？”

用栅栏密码加密，需要先把原文的字母按照一上一下的顺序写成两行，詹姆斯按照规则将刚才的密文重新排列后写在纸上：

S D F D U P F M B B

P L U B D N G Z X Z

然后再按照横排的顺序，每五个字母分成一组，一个栅栏密码就完成了，用栅栏密码二次加密之后的密文变成了这样：

SDFDU PFMBB PLUBD NGZXZ

“双重加密会增加密文的破译难度，”詹姆斯说，“即使有人想到用替换式密码去破译，甚至拿到了我们的密码表，最终破译出来的也只是 RCECT OELAA OKTAC MFYWY，看起来完全说不通，他们很可能意识不到这个答案其实是对的，只是字母顺序被打乱了而已。”

“我知道你说得没错，但设身处地地想想，如果是我藏了某件极其宝贵的东西，并且想着某天会回来取，我肯定是不愿意冒着丢失的风险，把提示分成两份分别保存的。万一弄丢了其中一样，我不就再也找不回我的宝藏了吗？”

艾米莉翻来覆去地研究着从图书馆描下来的密码，看看这面的涂鸦，又翻过去看看另一面上的字母。她把纸展平，注意到背面的那些涂鸦——四个圆圈和一些波浪线——隐约透了出来。于是她又翻到另一面仔细看了起来。

那些涂鸦跟她平日里在课堂上信手乱画的那些没什么两样，就像她跟妈妈讲电话时在纸上心不在焉地描出来的似的。但如果它们并非表面看上去这么漫不经心呢？

艾米莉把那张纸对折了起来。

“今天就到此为止了？”詹姆斯问。

“不是，我在做试验。”艾米莉拿起对折的纸对着亮处观察起来，发现那些涂鸦竟然和字母重叠了起来——虽然大部分涂鸦重叠之后变成了混乱的一团，但有一个X恰好落在其中一个圆圈里。

“看看是不是巧合。”艾米莉说。她把纸重新展开，浏览了一遍上面的字母。上面写了那么多字母，却只有一个X。艾米莉把纸重新对折起来，并用手把折痕压平，这一次折得既整齐又精准。果然，这并非巧合——X仍然是唯一落在圆圈中的字母。

“这个X就是我们要找的地方，”艾米莉说，“也许‘无法破译的密码’本身就是那张地图。”

“你很有可能是对的。”詹姆斯说着凑向那张纸，“这样既有了双重保险，又避免了你所说的那种担心。你说这些圆圈代表的是什么呢？”

“或许答案藏在密码里。”艾米莉说。

“又或许……”詹姆斯拿过那张纸，翻到涂鸦的那一面。“如果说这些波浪线代表的是水呢？比如旧金山湾？

而这些圆圈就代表小岛？这三个圆圈相互之间离得比较近，像不像天使岛、恶魔岛和金银岛？而 X 所在的这个圆圈就是……”

“金银岛，”艾米莉说，“说不定那儿真的有宝藏！你之前去过吗？”

詹姆斯摇摇头：“没有。不过我想我们需要计划一下行程了。”

21

艾米莉本以为他们可以坐渡轮去金银岛，结果却发现只能开车去，尽管那确实是一个岛。海湾大桥的隧道可以直接通到岛上。但如果要开车去的话，就需要大人陪同。詹姆斯的妈妈和外婆有事走不开，好在艾米莉的父母对于探索新地方向来积极，当艾米莉提出可以来一场环金银岛的自行车骑行时，他们立刻同意了。唯一的问题是，艾米莉的父母不允许她在交通高峰期骑车，而如果他们选择在工作日放学后过去，就会无可避免地碰上交通高峰。所以一直等到周六，詹姆斯和克兰一家人才坐上萨尔，出发前往金银岛。

他们开着萨尔，在海湾大桥的中间位置，转弯进入在岩石崎岖的海底蜿蜒伸展的隧道。萨尔一路蛇行，最后驶出隧道回到地面，像一个小蛋球从巨大的蛋球机里滚出来似的。小岛上绿树葱茏，公路沿着海岸弯曲起伏，但渐渐地，公路开始变得平直，地形也变得平坦，最后来到一条水滨小路，道路两旁栽种着稀疏的棕榈树。

艾米莉环顾着车外的风景——坚硬的柏油马路和人行道，金银岛游艇俱乐部，还有一栋马蹄形的古旧建筑。她这才意识到自己之前所设想的寻宝之旅有多艰难——就算宝藏真的埋在这座岛上，估计也早已被密密麻麻的建筑压住了。即使他们找到了也没办法挖出来。

不过，既然来了，到处看看也没什么损失，艾米莉暗自给自己打气。通过这些年的解谜和寻书，艾米莉明白了一个道理：保持开放的心态去接受各种可能性，并且永不停止观察。也许就在一个看似最不可能的地方，你会找到解决难题的关键。

他们把车停在马蹄形建筑前面的一个小码头旁边。艾米莉觉得自己和这栋建筑早已相识，只是如今才得以靠近它。停车场空荡荡的，艾米莉在旧金山还从没到过人烟如此稀少的地方。他们绕着建筑物走了差不多一圈，终于在建筑物背后找到了一家自行车租赁店。突然传来的风钻的声音打破了这片寂静，艾米莉循声望去，看到远处有一个建筑工地，这不禁又让她平添几分担心。说不定那金子最终会被某个建筑工人找到，就像奈安蒂克号一样。

“你准备优惠券了吗？”艾米莉的爸爸问。

艾米莉的妈妈听了立刻把钱包翻出来，从里面拿出一张从网站上下载并打印出来的优惠券。“单车租赁券买一送一！”妈妈晃着手上的纸，又补充了一句，“我们也买了你的，詹姆斯，不用担心。”

艾米莉突然意识到这次外出反而给父母增加了额外的开支，不由得心里一紧。尽管他们看起来并不担心，但艾米莉知道他们心里还是忧虑的。艾米莉直起身子给自己鼓了鼓劲，紧了紧头上的马尾辫。找到宝藏可以让她长久留在旧金山，这更坚定了她的决心。

克兰一家和詹姆斯调整好单车和头盔，踩动踏板沿水滨小道骑行。艾米莉从这里看到的旧金山天际线，比明信片上那些精美的风景照都要美。但金银岛本身却让艾米莉觉得有点……破败。或许是她潜意识中把旧金山金银岛跟小说《金银岛》联系到一块儿去了，以至于总觉得它应该是一个富饶的热带小岛才对。当然她也并没有期待一望无际的沙滩和遍地的椰子树，只是无论如何都没想到，一路骑行下来，见到的都是用木板封起门窗的无人建筑和生锈的码头船坞。

克兰夫妇慢慢停下，跨坐在自行车上，面朝大海望向海对面的旧金山城。艾米莉的妈妈从斜挎包里拿出照相机，拍起照来。一道岩石围栏把人行道和水域分割开来。艾米莉看到马修脚边有一块西瓜大小的石头，上面用蓝色油漆写着“我被抢劫了”。

“跟我想象中的不一样。”艾米莉说着，调整了一下头盔的绑带。

“看到这样的景色，是不是觉得金银岛才是最适合生活的地方？”妈妈一边说一边调整焦距。

“我看书上说，这个岛以前一直属于海军，直到最近才收回来。”爸爸说。

“是吗？”妈妈咔嚓咔嚓地按着快门，“所以这就是最初建这座岛的原因？为了军事用途？”

艾米莉歪头看向妈妈，以为自己听错了：“你刚才说的是‘建’吗？那是什么意思？”

妈妈放低照相机寻找合适的角度。“这个岛并非自然形成的。你看不出来吗？你看这里多平坦。”

“但是岛怎么能建出来呢……对吧？”艾米莉笨拙地盯着地面，仿佛想找出岛被拼凑到一起时留下的缝隙。

克兰太太冲着艾米莉所在的方向，举高相机拍了一张照片。“那一部分是天然形成的。”她说。

“就是我们刚才经过的桥与岛相连的那部分，”克兰先生补充说，“又叫耶尔巴布埃纳岛。”

艾米莉这会儿已经看明白了。岛的那一部分形状不规则，并且有着嶙峋的岩石和郁郁葱葱的植被，而他们所在的这一部分却大都是光秃秃的混凝土。

“你也不知道这些？”艾米莉问詹姆斯。

詹姆斯耸耸肩：“我又不是维基百科。”

对面旧金山城区的高楼似乎也在取笑她，那些大楼所在的地方同样曾是一片汪洋。人工岛并不稀奇，只是这个消息实在太过出乎她的意料了。

“金银岛是什么时候建起来的？”艾米莉问。她的心情很沉重，感觉之前的推测很可能完全错了。

“20 世纪 30 年代末，这里曾经举办过世界博览会，”艾米莉的爸爸说，“没记错的话，这个岛最初就是为世界博览会而建造的。”

20 世纪 30 年代。淘金热在那时早已成为历史，旧金山也早已没有了马克·吐温和汤姆·索亚。金子不可能埋在这儿。

一行人继续他们的环岛骑行，沿途随处可见废弃的仓库和了无生气的公寓楼，要不是有些窗台上还晾着衣服，盆栽也没有枯萎，真要让人以为这些建筑都已经人去楼空了。路边有个空球场，在这星期六的早上，空无一人的球场让艾米莉感觉格外孤单。以前在科罗拉多州时他们就住在一个球场边上，每到周末都人声鼎沸。返回单车租赁店的途中，他们路过了一个建筑工地，从工地悬挂的横幅上看，这座岛似乎即将迎来一场巨大的改造工程。

一路骑行下来，艾米莉越来越觉得自己当初的想法很是愚蠢。她太想当然了，仿佛自己是一百六十年来的“头号聪明人”，这比想象地面上会凭空出现一个大大的 X，把宝藏送到她面前还不靠谱。

22

从金银岛回来之后的星期二，艾米莉、詹姆斯和马修参加了第二次的寻书侦探少年顾问会议。杰克跟往常一样推开通往格里斯沃尔德先生办公室的大门，不过这一次艾米莉他们没有被跑上来迎接他们的狗儿吓到。克劳斯用激情澎湃的吠叫对他们表示欢迎，然后像上次一样叼着那枕头昂首阔步游行了一圈。安琪儿则打了个滚，让马修抚摸了一会儿它的肚子，才心满意足地跑到篮子旁边蜷缩起来。

“嘿！”正在看报的格里斯沃尔德先生微笑着从办公桌旁站起来。他穿得还是没有艾米莉印象中那么鲜艳，不过今天他虽然依旧穿着宽松的睡裤，但至少穿了一件酒红色的毛衣，看起来多少恢复了一点儿过去的样子。这给了艾米莉足够的信心去提出她的计划。

“格里斯沃尔德先生，”艾米莉说，“看看我们在网上找到了什么！”

艾米莉拿出打印下来的那篇格里斯沃尔德先生的访谈递过去。格里斯沃尔德先生伸手去接的时候，双手微微有些打战。艾米莉也不知道这是因为他动作过于用力，还是因为想起当年的事情心里难过。

“格里斯沃尔德先生，那时候的你看起来好时髦。”詹姆斯说。

格里斯沃尔德先生咯咯笑起来，这让艾米莉轻松了一点。至少，他看起来并没有生气。

“我能看看吗？”马修问。看了照片后，他惊呼起来：“伙计！你的头发是卷的！是特意烫的吗？”

“那都是很久以前的事了。”格里斯沃尔德先生轻声说。他任由马修继续去读那篇访谈，自己则在沙发上坐下。

“我喜欢你关于我们应该如何掌控人生旅程的那段话。”艾米莉说。

“是这里吗？”马修大声读了起来，“‘你的行动和反应决定了你将拥有的旅程。它是神奇的？美妙的？让人恐惧的？你会成为牺牲者还是英雄？一切都取决于你自己。’”

“没错，就是这部分。”艾米莉说，“这段话让我觉得，我可以做我自己故事的主角。”

“不仅是主角。”詹姆斯附和道，“既是主角，也是故事的作者。”

“是的。”艾米莉说，“我们每天说过的话、做过的事，构成了我们自己的故事。假如我在故事的某一章遇到了糟糕的事，接下来故事该往何处发展，最终也全在我自己决定。”

“我的话能对你们产生这样的影响，我很高兴，”格里斯沃尔德先生说，“年轻时就应该怀揣希望，这很重要。”

艾米莉本想说：“即便老了，希望也同样重要。”但转念一想，又觉得未免有些唐突，于是改口道：“任何时候心怀希望都没错。”

“说得没错。”杰克也插话进来，此前他一直站在马修背后读那篇访谈，“你们三个聪明的孩子，怪不得你们这么擅长解谜和寻书。”

艾米莉也不知道自己期待格里斯沃尔德先生看到旧日访谈后会做出什么反应。她知道格里斯沃尔德先生肯定不至于高兴地跳起来，大声喊着：“谢谢你给我看这个！”然后跑进他那个秘密书房，换上平时的打扮，整个人焕然一新、恢复如常。她只是以为这起码可以在他内心激起一点儿火花。

艾米莉鼓起勇气继续她的计划。如果格里斯沃尔德先生几十年前曾经对那个“无法破译的密码”如此痴迷，那么听到他们关于寻宝地图的发现——纸折叠起来的时候刚好有一个 X 落在其中一个圆圈里——肯定会十分激动吧。

“我们还有一件事情想告诉您，跟‘无法破译的密码’有关，”艾米莉说，“詹姆斯那天在试着用窗格密码进行加密的时候……”

可没等她说完，格里斯沃尔德先生就低头去看自己的手表。“哦，亲爱的，”他边说边从沙发椅上站起来，“我都忘了时间，我还给狗狗预约了兽医检查呢。”

“您……真的？”詹姆斯说，他们彼此交换了一个不解的眼神，就连杰克看起来都有些惊讶。

“哦，”杰克说，“我不知道今天的时间竟然会冲突。”

“您走之前，我们想跟您说说……”

格里斯沃尔德先生提高声音盖过艾米莉的话，似乎不愿意再听下去。“克劳斯、安琪儿，走！”话音未落，办公室便响起了此起彼伏的狗吠声和跑动声。艾米莉觉得，“无法破译的密码”这几个字似乎让格里斯沃尔德先生感到慌张和恐惧，所以他才想方设法转移话题。格里斯沃尔德先生在克劳斯和安琪儿的脖子上套上皮带，狗链被甩得哗哗作响。在满屋的喧哗中，格里斯沃尔德先生回头冲杰克喊道：“如果你能主持这场会议，就再好不过了。”然后又对艾米莉他们说：“上一次我们说过要把你们几个设成管理员，杰克会教你们怎么做的。”

格里斯沃尔德先生匆匆摆了摆手，便牵着两只狗走出了房间。他们走后，房间里便只剩下弹珠在机械迷宫里往复运动发出的嗒嗒声。

艾米莉皱着眉，她原本以为让格里斯沃尔德先生看看自己以前说过的话，有助于鼓励他恢复正常。可她现在却开始觉得，或许问题不是格里斯沃尔德先生忘记了自己以前的样子，反而是他把一切都记得太过清楚，以至于无法面对过去的自己。

23

当艾米莉和詹姆斯走向他们第二次舞蹈委员会会议的教室时，她的心里好像有一个储物柜，柜门砰地关上了，里面的东西跟着一阵震动。金银岛的线索指向了死胡同，试图鼓舞格里斯沃尔德先生的计划也宣告失败，艾米莉心里有些失落，同时也隐隐期待这场舞会能让自己暂时摆脱那些情绪。

詹姆斯拉开科学教室的大门，奥尔特加老师背着手在教室里踱着步，隆起的腹部很是显眼。参会人员只有双胞胎还没到。

“嘿，薇薇安，”艾米莉挨着她坐下，“你收到 DJ 的消息了吗？”

“收到了。”薇薇安眼睛仍盯着家庭作业，“他确认来参加舞会了。”

詹姆斯摇摇头，有些疑惑：“我还以为查理肯定会拒绝呢。可能他最近比较缺钱。”

妮莎和马迪坐在对面，正在玩点格棋，妮莎在化学课上也教过詹姆斯这个游戏。先画出一个四乘四的正方形点阵，然后轮流在每两点之间连一条线，成功连起四个点围成一个方格，则得一分，可以把自己名字的首字母写在方格里，然后继续游戏，最终谁围出的方格多，谁便获胜。

薇薇安看了一眼教室里的钟表，立刻从座位上跳起来：“我们得开始了。”

艾米莉想，凯文和戴文会不会退出委员会了？若果真如此，她也不会感到奇怪。因为她知道他们上一次能来参会全是詹姆斯的缘故。事实上，如果连詹姆斯都中途退出，她也不会觉得意外。

这时，教室的门砰的一声又打开了，艾米莉一回头，看到凯文和戴文抬着一个大纸箱走进来。

“看看我们带了什么！”两个人把箱子里的东西倒在实验桌上，原来是一些白色假发、金属框的小圆眼镜和高礼帽之类的东西。

“团体服装！”戴文说。

“什么团体？什么服装？”薇薇安问，她皱着眉，看着散落在面前的这一大堆东西。

“总统日游戏的服装呀。”凯文解释道，“我们一共准备了三组的总统服装和饰品。游戏环节之一就是尽快穿上这些服装，然后一身总统打扮去参加其他游戏。”

詹姆斯拿起一个又黑又长的假胡须，把松紧带套在耳朵上试了试。艾米莉也拿起一条围裙左看右看。她不敢相信，双胞胎竟然把她上次随口一说的疯狂主意当真了。薇薇安和其他同学也好奇地拿拿这个，看看那个。艾米莉努力想象着，如果再戴上那些蓬松的白色假发，配上松松垮垮的领带，会是怎样一副模样。

“这些东西你们从哪儿弄来的？”艾米莉问。

“我妈妈上班的那家慈善组织可以免费租赁戏服。舞会结束之后我们需要把其中的一部分还回去，其他的就当捐赠给我们班了。”

戴文递给詹姆斯一件黑色的西装外套，又给他戴了一顶高礼帽。帽子又大又深，遮住了詹姆斯的眼睛，以至于他整张脸只看得见帽子、鼻子和长胡须。“亚伯拉罕·林肯队！”戴文喊道。

“这件外套太大，我都能在里面游泳了。”詹姆斯叫道，头上的帽子仍然遮着他的眼睛，他举起胳膊让衣袖垂到手肘处。

“这才更有意思嘛。”凯文说。他自己也套上了一件蓝色外套，戴着白色假发，还系了一条围裙。“乔治·华盛顿队。”他解释道。

“或者是托马斯·杰斐逊队，”戴文又补充说，“装扮差不多一样。”

“还是扮成华盛顿好了。”薇薇安说着指了指妮莎，“你把这些记录一下。”她从剩下的物品中挑了几件打扮了一番，有胡须、带挂链的金丝眼镜，还有领带。“那我这样一副打扮又是哪个总统呢？”

“西奥多·罗斯福。”凯文和戴文异口同声地说。

教室另一头的奥尔特加老师突然发出一声呻吟。

“罗斯福总统不好吗？”凯文问。

奥尔特加老师摇摇头，嘴唇抿成一条直线：“不是因为服装。是我肚子里的孩子。”她找了张椅子慢慢坐下，不过没一会儿又站起来走动，她挥了挥手，“你们继续。我没事。”

同学们迟疑地看着奥尔特加老师，过了一会儿，薇薇安才对凯文和戴文说：“所以说你们有足够的服装，让所有参加舞会的人都打扮起来喽？”

“假发、胡须、帽子和眼镜这些是绝对够的，其他的够呛。妈妈说还可以多借给我们一些外套和领带，但我们可能还需要自己再去借一些来。”

“那些应该不难找到。”薇薇安说，示意妮莎把这些也记下来，“好，那就这么定了，三队‘总统’。艾米莉，这是你提出来的主意。游戏的具体内容是什么呢？”

妮莎拿着笔在一旁等着记录。马迪则昂着头，脸上挂着假笑，好似能嗅出艾米莉的不安。詹姆斯取下遮住眼睛的高礼帽，冲艾米莉鼓励地点点头。只有戴文和凯文似乎全然不关心，正拿着乔治·华盛顿的假发开心地玩着抛接游戏。

“唔，”艾米莉说，“组成三个队伍后，我们可以……”她抬头看看教室天花板上的原子模型——一些呼啦圈围绕着中间的一串气球，“我们可以玩踩气球。”

妮莎落笔如飞地记录了下来。

“那是什么？”薇薇安问。

“就是每位队员都用绳子在脚踝处绑一个气球，不同的队伍用不同颜色的气球……”

“红色、白色和蓝色比较适合总统们。”薇薇安拍拍妮莎的笔记本示意她记下。

“而目的就是要把其他队伍的气球踩破。保住最后一个气球的队伍就是胜利者。”

“酷。”凯文和戴文赞叹一句，随即行动起来，去踩对方的脚。

“我们可以采用接力赛的形式，”詹姆斯提议道，“每个队伍的服饰一开始都装在一个大箱子里，放在起点处。参赛队员需要先换装，然后跑过一条障碍赛道，再绑上气球。哪个队率先绑完，就可以去踩其他队的气球了。”

随着讨论的深入，游戏在舞会上会是怎样一番景象在艾米莉脑海中越来越清晰。可能会有点儿滑稽，但也是那种让人乐在其中的滑稽，就像格里斯沃尔德先生策划的那些活动一样。

这时，奥尔特加老师发出一声响亮的呻吟。

“不好意思，孩子们，”她喘息着说，“我们恐怕得结束这次讨论了。我得打电话给我的医生。”

她的话把大家吓了一跳，忍不住后退几步，仿佛奥尔特加老师是一个要爆炸的炸弹一般。只有马迪镇定如常，她径直走到对面的实验室水槽旁。“你喝水了吗？我妈妈之前怀我同母异父的妹妹时，有一次也以为是要早产，结果却是因为她没喝够水。”说着，马迪从架子上拿了一个纸杯，“喝杯水吧。”

奥尔特加老师接过纸杯，却说：“我是说真的，你们先回去吧，我会没事的。”

马迪陪在奥尔特加老师身边，其他人则帮着凯文和戴文把道具服饰装回箱子。艾米莉和詹姆斯离开时，马迪仍在教室里陪着，奥尔特加老师跟人打电话的时候，马迪就替她拎着包。

24

第二天便是七年级学生去天使岛旅行的日子，这是布克中学的传统活动。艾米莉和詹姆斯站在渡轮顶层甲板上，倚着栏杆，海风把艾米莉的马尾辫吹来又吹去。奥尔特加老师因为昨天的事情不得不卧床休息，接替她的斯隆先生已经是他们的老相识了——签售会上，还有前几天的课堂上都曾经见过面。斯隆先生这会儿正坐在他们身后的长椅上，每隔一会儿，就会有一声呻吟传到艾米莉和詹姆斯耳朵里。看来斯隆先生还不太适应坐船。

天使岛越来越近，耀眼的阳光下，远远可以看到海湾的码头。岛上的树木也从一团模糊的绿影逐渐变得轮廓清晰起来。这是一座真正的岛，一座自然形成的岛屿，跟金银岛那人工造就的平坦地形截然不同。

“也许我们理解错了窗格密码指示的位置，说不定实际指向的是天使岛。”艾米莉说。

然而，这个想法既让她萌生出希望，又让她感到失落。希望在于至少他们现在有了一个可以聚焦的具体目标。可是跟金银岛相比，天使岛看起来真的大太多了。之前去金银岛的时候，一个小时不到就把整个岛逛了个遍，而且那里地势平坦开阔，天使岛却崎岖多山，丛林密布。要想把整个岛都探索一遍恐怕得花几天，甚至几周。

渡轮在码头停靠以后，艾米莉和詹姆斯跟随其他同学和家长们，还有年长的女监护老师陆续沿着阶梯下船。斯隆先生也站了起来，有些摇摇晃晃。他的脸色发青，让人想起淡绿色的开心果冰激凌。一个叫乔斯的七年级学生经过时从背后拍了他一下，让他差点吐出来。

"哟，我们的新老师，要是想吐，可千万别迎着风哦。"乔斯说。

艾米莉和詹姆斯从斯隆先生旁边走过，跟着人流一起下了渡轮。除了布克中学，参加此次旅行的还有不少其他学校的学生，当他们走到码头时，各个学校的老师纷纷呼唤指引各自的学生在特定地点集合，场面难免有些混乱。艾米莉和詹姆斯穿过一群穿着深蓝色的圣雷蒙德汗衫的学生，又走过一段人行道，最后在一栋小型的粉色建筑前跟等在这里的布克中学的老师和同学会合。

微风吹来一阵下水道的味道，詹姆斯用手捏着鼻子，带着鼻音说："为什么要在公共浴室前面会合？换个地方不好吗？"

斯隆先生是最后一个到的，他的脸色好了一些，已经没有先前那么铁青了。同学们坐上一辆敞篷的大巴车，沿着环岛公路起伏穿行，最后抵达一座移民中转站遗址。

那是一栋长长的两层建筑，后面茂密的山林让它显得有些低矮。一条水泥台阶通向建筑大门，台阶两边摆着盆栽，花盆同样是水泥做的，上面刻着“梦想”“希望”“恐惧”之类的字样。

一位导游前来迎接他们，寒暄过后便开始讲解此地的历史，原来移民们多是在 1910 年到 1940 年这三十年间来到天使岛的。艾米莉扫视四周，思考着“无法破译的密码”和宝藏究竟要如何隐藏才能不被以前的移民发现。

艾米莉举手问道：“1851 年的时候这里是什么样呢？”

詹姆斯忍不住笑出声来，他自然知道艾米莉为什么问这个问题。

“我们来看看……1851 年？”导游若有所思地扫视周围，“1775 年，一位西班牙探险者给这座岛起了名字，更早之前这里是米沃克印第安人的地盘。1851 年，加利福尼亚州才诞生刚刚一年，据说在当时天使岛是军事用地，但我觉得一直到南北战争之前，天使岛应该都没有投入使用。不过，曾经有一艘船停靠在这里，被当作监狱使用。”

艾米莉咀嚼着这些信息，跟随人流走进楼里。如果说 1851 年的时候这个岛为军方所有，淘金者应该不会选择在这里藏匿宝藏。他们在金银岛扑了个空，而现在天使岛似乎也不像是藏宝的地方。

这时导游说：“天使岛作为移民中转站使用期间，有很多华人移民曾经住在这里。”

同学们参观了移民们曾经住过的宿舍——金属床架的三层上下铺，几乎连坐起来的空间都没有。导游提到，移民们需要在这里经过一系列的面谈，讲述自己的人生细节以证明自己的身份。在艾米莉看来，这简直就像监狱，移民们又不是罪犯，他们只是从一个地方搬到了另一个地方，就跟艾米莉此前所经历的那些迁移一样，这太不公平了。

詹姆斯站在艾米莉身旁，正凝神看着一块标牌，上面是一张一群华人移民和小孩接受检查的照片。让艾米莉震惊的是，照片中的大多数人看起来跟他们的年纪相仿，即便大也大不了多少，他们穿着马靴，赤裸着上身，在一个穿着制服的人面前接受检查。她不禁在心里揣测照片中那些少年当时的感受。

“我的曾外祖父曾被迫在这儿停留过。”詹姆斯告诉艾米莉。

“真的吗？”艾米莉又看了一眼那照片，想着詹姆斯的曾外祖父会不会就是照片里的某个人，“那他在这里待了多久？”

“我不知道，”詹姆斯说着耸了耸肩，“我外婆说他从没提起过那段日子。外婆跟我也没怎么说过。”

移民中转站的墙上到处都是移民们写的诗，其中大多数都是用汉字写的。很多诗还是刻上去的，之后墙面显然又用油灰和油漆修补过。但随着时间的推移，油灰渐渐脱落，诗句重新显现了出来。艾米莉顺着笔画抚摸着，不由

得心生敬意。

“你说……里面会不会有你的曾外祖父写下的？”

“我不知道。”詹姆斯望着那些文字，若有所思地轻声说。

走在艾米莉前面的是斯隆先生，他正在笔记本上画着什么。艾米莉瞄了一眼，看到斯隆先生原来正在抄墙上的汉字。

“令人惊叹，对吗？”斯隆先生头也没抬地对艾米莉说。

“没……没错。”艾米莉有些结巴，为被人发现自己偷看感到些许尴尬，“你认识汉字吗？”

斯隆先生抬眼看向艾米莉，似乎有些不解。艾米莉冲着他写的东西扬扬头。“你写的看起来跟墙上的诗一模一样。”

“啊，是的。”斯隆先生微微一笑，“我很擅长模仿。这是我不同寻常的天赋之一。我喜欢书法，就像有些人喜欢填字游戏一样。”

艾米莉没再打扰这位代课老师，转而走向詹姆斯，他正读着某首诗歌的译文。詹姆斯大声念出诗歌的最后一句：“即便它是用玉石打造的，也终究是牢笼。”

“如果这就是故事的结局，就太让人伤心了，”詹姆斯有感而发，“可转头想想这个人从这里离开后的人生，他在那里生活，”詹姆斯冲着海湾对面的城市点点头，“又充满了英雄主义的感觉。他们不愿被击垮，只因为他们还有所追求。”

25

天使岛之行差不多一周之后，艾米莉收到一封标题是“老朋友”的邮件。看到发送者的名字——“奥利达女士”，艾米莉不由得屏住呼吸。米兰达·奥利达，也就是库尔布里斯！

艾米莉和詹姆斯仍没有放弃研究“无法破译的密码”，尽管还是找不到破译的头绪，但破译了库尔布里斯给基斯林老师的分手信之后，也就可以确定库尔布里斯是“寻书侦探”上那个寻找挑战的发起者。他们并没有发现任何有关《汤姆·索亚历险记》藏书的更多信息，而他们藏在霍利斯特书店的那一本好几周来也无人问津。

艾米莉犹疑着点击鼠标，打开了新的邮件。米兰达·奥利达在邮件中写道：

谢谢你的来信，但这其中想必是有什么误会。布雷恩·基斯林确实是我的老朋友和前同事，但我们已经有十多年没联系了。我也不了解你提到的那个游戏——“寻书侦探”。我已经不住在加利福尼亚州了。过去十五年来，我一直跟我的丈夫和孩子在俄亥俄州生活。“无法破译的密码”倒是让我想起了很久以前的一些事，但我不记得有什么地图。很抱歉，我帮不了你太多。我想基斯林老师要是知道自己的学生如此关心他，不遗余力地为他准备礼物，一定会很高兴。

祝好
米兰达·奥利达

看完邮件，艾米莉困惑地舒了口气。基斯林老师的前女友早已结婚，而且还有孩子了？她不住在加州？她从没听说过“寻书侦探”？她认为基斯林老师如果知道我们跟她联系，一定会高兴？

所以这个女人并不是库尔布里斯？

艾米莉想，得赶紧把这些告诉詹姆斯。她顺手拿起旁边的扫帚，那是专门用来敲天花板的。砰，砰砰砰，砰。这是提示詹姆斯自己会用沙桶给他传递纸条。然后艾米莉在一张纸上写道：

EKUEO DXLP UNTBW.
(Check your email.)
（查邮件。）

她把纸条放进桶中，拉升至詹姆斯的窗户旁，再回到电脑前，将米兰达·奥利达的邮件转发给詹姆斯。

詹姆斯很快就有了回应，他在楼上敲了敲地板，紧接着桶被放了下来，里面的字条上写着：

BI SKU'S FXV EXXWHPBVK,
VKUF ZKX BS???
(If she's not Coolbrith, then who is???)
（如果她不是库尔布里斯，那谁是???）

问题来了。基斯林老师肯定是以为库尔布里斯就是米兰达·奥利达。不然他为什么叫她米兰达呢？艾米莉回复了一张字条：

SKXLWQ ZU VUWW KBN?
(Should we tell him?)
（我们应该告诉他吗？）

再一次，艾米莉为是否应该把他们知道的事情告诉老师而犹豫起来。他们能说什么？如果一开始就跟基斯林老师坦白密码的事情还好说，可那个时候她对基斯林老师心存怀疑，现在她压根儿不知道该从哪里说起。难道要告诉自己的老师，他的梦中情人——通过密码跟他分了手的人——其实压根儿不是他以为的那个人。一旦和盘托出，不仅基斯林老师会尴尬，他们也会很尴尬。而且，万一是他们搞错了呢？他们需要找到更多的信息，在那之前一个字都不能跟基斯林老师说。

基斯林老师和库尔布里斯显然并不是看到有《汤姆·索亚历险记》被藏起来就会去找。可如果他们换一个用户名上传寻书线索呢？基斯林老师会不会去寻找？

于是艾米莉在给詹姆斯的纸条上写：

ZU FUUQ VX IBFQ XLV NXPU.

B KTAU T JWTF.

(We need to find out more.

I have a plan.)

（我们需要找到更多线索。

我想到一个计划。）

星期五，艾米莉和詹姆斯给他们藏在霍利斯特书店的《汤姆·索亚历险记》重新构思了一条线索，上传到“寻书侦探”网站上。跟上次不一样的是，他们特意注册了一个看起来酷似库尔布里斯的假账户——网名也叫“库尔布里斯”，只是稍稍调换了其中两个字母的顺序，还把库尔布里斯的个人简介信息原封不动复制了过来。一眼看上去几乎足以以假乱真。不过，基斯林老师只要花点时间稍一研究——

比如说点开她一片空白的寻书历史，就会很容易发现这是一个故意注册的假账户，只能祈祷他不会多想了。

“而且，谁知道呢，”艾米莉说，“也许即使他意识到这是有人在故意假扮他的朋友，计划也依然行得通呢。我是说，难道你不会好奇吗？如果是我，我肯定会去找出那本书的。”

“可如果那本书是你压根儿就不想找的呢？”詹姆斯打趣道。

艾米莉推推他：“快点儿提交。”

詹姆斯的手指悬在确认键上方。“这样做不太好吧？假扮库尔布里斯？”

“怎么着也比库尔布里斯假装成米兰达·奥利达好。我觉得库尔布里斯这个人有点儿不对劲，而且基斯林老师很可能完全被蒙在鼓里。我们现在是在帮他。只需要找到更多线索就可以告诉他了。”

詹姆斯认同地点点头，按下了确认键。

26

星期六早上，菲尼克斯发现了一个假冒库尔布里斯发布的帖子，是前一天晚上发的。他盯着那帖子看了很久。

有人在给他发信息。

有人在向他示威。

有人需要被教训。

他从衣柜最上面的抽屉里取出一副黑手套戴在手上，开始在他那堆瓶瓶罐罐中翻找。他最后选中了一个装着液体的棕色罐子。

这并非他计划的一部分，他也不确定自己要做什么，只是一股无名怒火从心中涌起。他出门的时候把门重重地甩上了。

他需要让某人看看，他可不是可以随便戏弄的。

27

艾米莉十点整抵达霍利斯特书店，这也正是书店开门营业的时间，但她发现自己还是来早了，只好百无聊赖地靠在橱窗冰凉的玻璃上，等着霍利斯特。过了一会儿，霍利斯特也来了，他一边走一边抛接着手里的钥匙。看到艾米莉，他露出灿烂的笑容，但一分神没能接住自己抛起的钥匙，钥匙哗啦啦地掉在人行道上。艾米莉弯腰帮他捡了起来。

“看看这个眼神明亮、惹人喜爱的姑娘是谁呀！”霍利斯特说。

“詹姆斯等会儿来。”艾米莉说。

“那今天可以说是我的幸运星期六了。”霍利斯特叮叮当当地把钥匙插进锁孔。艾米莉跟着他，门铃随着门扇的开合叮当作响。她径直朝那个女士手提袋走去，按了按袋底，她担心有其他玩家找到了书，却忘了在网站上更新信息——还好，书依然在那儿。

霍利斯特啪啪按亮电灯，朝收银台后头的CD机走去。他收藏了一大堆音乐CD，就堆在CD机旁边。他从中选了一张，调整音量后，轻快的钢琴声便从天花板上的音响流泻而出。

“这样的早上，跟迈尔斯·戴维斯的美妙音乐很配，你说是不是？”霍利斯特摆弄完音响后，站在收银台里，手指和着旋律敲击着台面。

“今天有什么需要我做的吗，霍利斯特？”艾米莉问。

“我一直都想在橱窗多摆放一些跟中国农历新年有关的东西。你刚才说詹姆斯等会儿会过来，是吧？”

艾米莉点点头。

“有个活儿估计你们俩会很乐意干——做纸灯笼。我们可以把灯笼挂在书的上面——效果肯定棒极了。树屋的旧箱子里还有些装饰品，也可以派上用场。”霍利斯特说完便转身朝书店后面走去，登上螺旋的金属楼梯往储物间去了。

这时门铃突然响了，艾米莉赶忙跑到前门——她以为是基斯林老师终于来找书了，结果走进来的却是查理。

“哦。”艾米莉忍不住有些失望。

“你也在这儿？”查理摘下报童帽，脱下手套，扔在收银台上。

“我以为你今天休息呢。”霍利斯特说。

查理耸耸肩：“有点内容得加到网站上，可我的室友简直要把我逼疯了。我想干脆到这儿来弄算了。”

霍利斯特看看表。“这可帮了我的大忙了，早上我没时间去拿处方，现在过去拿一趟。你正好帮我看下店。”

查理头也没抬，直接点了点头，然后从软塌塌的背包里拿出手提电脑。

霍利斯特走到收银台拿出他常用的笔记本，从上面扯下一张手写的书单，递给艾米莉。“这些是我想摆到橱窗里进行展示的书，你可以从这个干起，如果你想帮忙的话。”

“当然可以。”艾米莉说，书单上的第一本书是林珮思的《狗年》。“我可以用下电脑吗？”艾米莉问查理。她指的是书店的电脑，并非查理的手提电脑。查理咕哝了一声表示回答，退到一边，把电脑让给艾米莉。艾米莉在电脑上查到了这本书所在的书架，起身走出收银台，沿着弯曲的过道绕过一个又一个书架，来到螺旋楼梯下面的角落。这个书店最深处的角落里摆满了各种图画书、儿童小说、动物玩偶和拼图游戏。

“林，林，林。”艾米莉嘴里念叨着，手指划过一个又一个书脊，寻找着自己要找的书。这时，门口又传来叮叮当当的门铃声——有顾客进来了，不然就是霍利斯特忘了什么东西，又跑回来拿。

艾米莉再次急切地想看看来的是不是基斯林老师，便加速浏览着书架上的书，一找到要找的书后便迅速跑回前台。果然是基斯林老师！这时他正站在前台跟查理说话。

“嘿，基斯林老师！”艾米莉的声音听上去有些过于兴奋。她向来不擅长假装冷静，要是詹姆斯也在这儿就好了。

“艾米莉！没想到一天之内竟碰到我的两个学生，”基斯林老师说，“真是惊喜。”

“两个？”艾米莉环顾四周，下意识地想是不是詹姆斯提前到了，随后才记起查理多年前也曾是基斯林老师的学生。

“查理，所以这就是你现在上班的地方？”基斯林老师说。

查理只是回了一句“是的”。

“不错，挺适合你的。”

“詹姆斯也应该快到了，”艾米莉说，“我们就住在这附近。”艾米莉也不知道自己为什么要告诉基斯林老师这些。她只是心里紧张——是她有意把老师引到这里来的，越想就越觉得心虚。

“我其实是来寻书的，是不是没想到？”基斯林老师扬扬手，向她展示从网站上打印下来的线索——她和詹姆斯留下的线索。确切来说，应该是假库尔布里斯的线索。基斯林老师伸出一根手指指着艾米莉。“不准‘偷猎’。”说完，他便好脾气地大笑起来。看着基斯林老师走到书架的中间，在书架上浏览翻找，艾米莉心中不禁涌出一股悔意。基斯林老师看起来似乎格外高兴，可能都是因为他在期待着“女朋友”的新信息。

转过头，艾米莉发现查理也盯着基斯林老师。

“他特别糟糕。”查理咕哝着说。

艾米莉抬起头看了一眼，担心基斯林老师听到。“他也没那么差。”她说。

“我人生中唯一一个 D 就是他给的。”查理补充说。

“哦，有时候他确实挺严厉。”

这时，电话铃响了，查理去接电话。艾米莉悄悄朝基斯林老师挪近几步，以便更好地观察他的动向，但查理却在身后叫了她一声，吓得她赶紧转过身，仿佛干坏事被人抓到了似的。

“是霍利斯特。”他晃了晃手中的无线电话，“他想让你检查下那个放装饰品的箱子，看里面是否有装饰橱窗用的纸龙。”

电话那边的霍利斯特似乎还在说话，查理歪着脑袋听了一会儿，然后又继续向艾米莉转述：“他说之前有一个，但可能被弄烂了，已经被他扔掉了——他也记不太清。他说可以在取药途中买一个，但担心买重复了。”然后又对着电话那头的霍利斯特说：“好的，她会去找找看的。如果没找到的话，我们就给你回电话。”

艾米莉望向走廊，基斯林老师已经不见了踪影。“你可以去看一下吗，查理？我正忙着呢。”

“我也在忙呀。”查理朝手提电脑抬抬下巴，“你已经接下了橱窗摆设的工作嘛。”

艾米莉叹息一声，特意绕了点路从基斯林老师身旁走过，这样至少可以看一下他在做什么。基斯林老师正在诗歌区浏览，艾米莉猜测他大概是想找布莱特·哈特的诗集。艾米莉暗自希望，基斯林老师需要多花一点儿时间才能解出线索。“你是否把哈特留在了旧金山？”这条线索指向的其实就是那个手提袋，上面有作者的肖像和名言，刚好与真正的书相对应。

艾米莉匆忙走到书店后面，登上金属楼梯，找到一堆带有装饰品标签的箱子。有几个箱子的标签是“圣诞节/光明节”，还有几个是“感恩节和返校日”，最后终于找到一个贴着“新年/中国”标签的箱子，但就在这时她好像听到门铃又响了，还是说那是某种乐器声？这里靠近音响，霍利斯特播放的爵士音乐震耳欲聋，但艾米莉还是觉得刚才那阵缥缈的叮当声是门铃发出的。基斯林老师不可能现在就走，难道是他提前走了？艾米莉赶紧走到隔开储存区的矮墙旁，但视野十分狭窄，看不到书店里发生了什么。

艾米莉又赶紧返回那些箱子旁边，她需要的那个箱子被其他三个箱子压在下面。艾米莉搬起最上面的箱子，放到地上。这时门铃又响了，这一次她确信是门铃的声响，艾米莉暗暗希望只是有普通顾客上门。她用最快的速度搬开剩下的两个箱子，终于把那个贴着“新年/中国”标签的箱子搬了出来。艾米莉打开箱子，把里面一袋袋的东西都拿出来，袋子上面有霍利斯特手写的胶带标签。她清点了一遍，没有纸龙。这时，门铃又响了。她再也忍不住好奇，来不及把东西装回去便随手合上箱子，准备出去看看。但还没等她下楼，便传来一声气球的爆裂声——至少听起来像是气球什么的炸了。可书店里明明没有气球呀。

艾米莉站在楼梯上，犹豫地喊了一声："查理？"

仿佛在回应她似的，门铃再次响了起来，声音响亮而清脆，像是有人猛地推开了门。紧接着，艾米莉又听到一阵嗞嗞声，仿佛有一条巨大的蛇在吐着信子，她不由得僵在原地。那是什么发出来的声音？从她的角度看过去，书店里空无一人，但这明显说不通，至少查理应该在吧。艾米莉紧握着扶手栏杆，犹疑地一步一步走下楼梯。每一步都是身体和心灵的一次斗争——身体想要退回树屋里面，内心却又催促着她继续向前。

刚走到楼下，一股味道便钻进了艾米莉的鼻子，除了熟悉的纸和书的尘土气，还掺杂了一种类似于爆米花的味道。艾米莉飞快地往前台跑。没等她跑到，就看到书架尽头涌起一片朦胧的黑雾，飘着扭着，像是一片片的黑羽毛。

艾米莉喉咙一紧，忍不住咳嗽起来，她并没有真的被呛到，更多是惊吓和慌张。书店前台一个人都没有。

"查理？"艾米莉轻声唤道。

火焰正舔舐着那堆手提袋，最下面的袋子已被烧成了灰烬。艾米莉心中一惊，四肢像是灌了铅一般无法动弹。霍利斯特的灭火器放在哪儿？没有灭火器，该用什么去扑火？水？一路跑到洗手间接水再返回来吗？这样的火势烧多久会失控？她是该用书店的电话求救，还是跑到外面另外找电话？

为什么这里连一个帮她的人都没有？

艾米莉捂住口鼻，很快就开始止不住咳嗽。她想起听人说过可以用毯子把火扑灭，于是便用空着的那只手从陈列架上抓过一件《了不起的盖茨比》的主题T恤，朝那火焰扑打起来。她想把火扑灭，可是火苗却越蹿越高。

艾米莉冲上前又拿了一件衣服，然后退后几步，脸埋在胳膊上咳嗽着。火焰噼啪作响，冲她龇牙咧嘴，还蔓延到书架的一侧，点燃了放在那里的贺卡。

艾米莉感觉眼睛刺痛。烟雾好似倒转的瀑布一般往天花板上喷涌。她不敢相信，火势居然这么快就蔓延到了整个前台。她必须得离开了。艾米莉用手肘捂住鼻子，弓着身子迅速往外跑，因为下面的空气相对而言没那么呛鼻。她用肩膀撞开了门，门铃又是一阵叮当作响。

跌跌撞撞地跑到外头，艾米莉本以为能长舒一口气，可那天的天气暖和无风，没有想象中的清新空气，反而更像从桑拿房来到一个同样潮湿的房间，这让她又是一阵咳嗽。不远处一个快递员正准备卸货，他丁零咣啷地打开货车厢，展开爬梯。艾米莉跑到他身边的时候，快递员正把一个大箱子抬到推车上，艾米莉使劲拍着货柜门。

“火，火！”她粗声说。快递员不解地看了她一眼，艾米莉伸出手指向霍利斯特书店的大橱窗。

快递员从货车上探出半个身子，望向书店的方向，随即发出一声惊呼，但一不留神箱子也从推车上掉落下来。箱子摔裂的地方流出清澈的液体，沿着货车厢的边缘不断滴落。男人愤愤地骂了一句，赶紧从口袋里掏出手机。艾米莉没等他拨号便跑向咖啡馆，又是一阵剧烈的咳嗽，她再次用手肘捂住鼻子。缓过来后，艾米莉才放下手，用尽全身力气喊道：“火！书店着火了！”

28

艾米莉站在一群围观者中间，从未感觉如此孤独过。即使沐浴在温暖的阳光下，她依然忍不住浑身颤抖。有人给她披了一块毯子。

霍利斯特书店的橱窗碎了，一块三角形的玻璃掉了下来。艾米莉木然地看着，周围的人群集体往后退，只有她没有动弹。她甚至已经感觉不到自己还站在街上。

书店内的洒水系统开始启动，隔着破碎的玻璃，她可以听到水正嗞嗞地与大火搏斗着。火警警笛的声音越来越近，消防人员就要来了。是不是一切都为时已晚？艾米莉觉得自己已经丧失了时间感。

一位医护人员给艾米莉做了检查。消防部门的人向她问了几个问题。但艾米莉也说不出大火究竟是怎么烧起来的，她觉得自己好没用。

“我听到一阵响动。”她说。

“你能描述一下吗？”。

艾米莉努力回想着，可现在她满脑子都是周围的噪音——来往车辆的轰鸣声，人群混杂着兴奋、躁动的交谈声，还有消防员的靴子踩在玻璃碎块上的咔嚓声，这让她很难想起什么来。

“我想，应该是什么东西爆开的声音，然后是一种……呲呲声。”

“呲呲声？”

“或者是沙沙声。又带点呲呲的声音。像是把纸投进壁炉发出的那种声响。”

消防员微微点点头，艾米莉意识到自己的答案肯定帮不上什么忙。书店起火当然会听到纸燃烧的声音呀。

“可是，又不仅仅是那种声音——像是……”艾米莉盯着自己紧握的双手，“我想不起来了。”

消防员用自己厚实的手掌搭在艾米莉肩上。“你表现得很好。很有帮助。”

就在这时，艾米莉看到霍利斯特从一个多街区外的地方远远走来，她的心立刻像是被人浇了一大盆冰水般猛地收紧了。他棕黑色的皮肤上闪动着汗水，他那熟悉的一步一摇的身影看起来如此乐观，艾米莉的眼眶顿时湿润了。霍利斯特歪着头，看着那些闪烁的警灯和一路上不断和他擦身而过的工作人员，似乎有些好奇。艾米莉想，隔着那么远，霍利斯特应该还不清楚发生了什么，大概还在好奇，或者正为某个陌生人遗憾惋惜吧。甚至当他走近，发现车子是停在书店旁边，大概也会以为是某个朋友或者邻居碰到了麻烦。直到走到人行道中间时，他突然停住了，艾米莉知道，他终于发现了，出事的是他的书店。她永远都忘不了那个时刻。

让艾米莉无法忘却的还有书店隔壁的门。平日里上下学的途中，她从那扇门旁边经过了成百上千次，却从来没有多看过一眼。大火之后，门被打开了，里面是一排楼梯。艾米莉意识到那是通往上方公寓的入口。她顿时陷入了自责，她只顾着担心霍利斯特和那些书，却没有想过那些住在楼上的人。

政府人员还需要跟艾米莉的父母或监护人聊聊，于是她便在隔壁的咖啡厅坐下，等家人过来。艾米莉的父母此时正跟马修一起在沙滩上闲逛。咖啡馆里很安静，收音机里播放着老歌，一个女顾客正抱怨自己的三明治里加了泡菜。到了这个时候，艾米莉终于能清晰地想起霍利斯特书店的灭火器放在哪里了，就在前台的角落里，距离她当时所站的位置不过一步之遥——如果她找对了方向的话。

艾米莉心里又是一阵难受。或许，如果她当时能做点什么，也就不会有这场大火了。

她想起书店前台不远处总是闪烁的那个灯泡。每次去霍利斯特书店，她总会留意到那个灯泡，却从来没有指给霍利斯特看过。霍利斯特视力不太好——或许他从来没有发现。会不会是那个一闪一闪的灯泡短路引起了这场大火？

艾米莉听到一个消防员说，这场火在蔓延到书店后面之前已经被扑灭了，这大概算不幸中的万幸，可那个消防员随即又提到了一些烟雾造成的损坏和洒水系统的事。艾米莉多么希望自己当时能够为霍利斯特抢救出来一点东西，哪怕是前台下面的笔记本也好，又或者是他跟格里斯沃尔德先生 70 年代开办这家书店时的纪念照片。

一个人在艾米莉面前放下一杯水，打断了她的沉思。她抬起头，发现是查理。"你为什么要离开书店？"她皱着眉诘问道。

查理低头盯着杯子。"我……对不起，"他说，"我离开是因为……"查理看了看窗子外面。霍利斯特正从那里走过，他举着手机，不知正跟谁打着电话。

"我得去付停车费，"查理小声地说，"我以为只是离开一小会儿没关系的。我也没想到……"查理擦了一下杯子上凝结的水滴，继续说道，"不管怎样，"他把杯子推到离艾米莉更近的地方，"先喝口水。"然后就走开了。

艾米莉站起来走到咖啡馆外面。也许指责查理对他而言并不公平，但如果他当时没有离开，她也不至于独自面对这样一场大火。

霍利斯特此时挂掉了电话，抱着头坐在马路边上。艾米莉好想也到他身旁坐下，可是她不敢。她觉得自己让他失望了，尽管霍利斯特返回书店后的第一件事就是找她，确定她安全与否。

望着霍利斯特痛苦的身影，书店里她最喜欢的那些东西一一浮现在她的脑海中。比如那张紫色的椅子，当她捧着一本书坐进去时，刚好可以包裹住她的身体。还有霍利斯特摆在一个书架上的猫形抱枕，偶尔还会被人误以为是一只真的猫咪。还有来参观的作家们留下的亲笔留言。还有旧金山作家赫布·凯恩的肖像书签，她和詹姆斯曾拿着它满书店乱转，想着把它放在哪个意想不到的地方能把顾客吓一跳——他们最后藏在哪儿来着？

她想说点儿什么，让霍利斯特好过一点，但同时她也明白，让一个深陷绝望的人重新鼓起劲来有多难。

这时，艾米莉听到有人喊她的名字，一转身就看到詹姆斯满脸震惊地站在她身旁。平日里看到昂首挺胸的史蒂夫总能让她感到安慰，可此时反倒更让她觉得想崩溃大哭了。她和詹姆斯这时本应在制作纸灯笼，挂到霍利斯特书店的橱窗，而不是在这儿看着消防员在大门口进进出出。

“起火了？”詹姆斯问，“发生什么事了？”

“我不知道。”艾米莉说。

一辆小货车停在救护车后面，货车侧面写着 KSAN 几个字母。从车上跳下来的正是之前她在图书发布会上见过的那个女记者和她的摄影师。被拦在路障外面的人群中有人认出了记者，同她打招呼。这种时候听着他们肉麻地寒暄吹捧实在有些刺耳，只听那记者回答说：“谢谢你！你看起来也不错！”

记者开始与一些旁观者攀谈起来：“事故发生的时候

你在现场吗？有没有看到什么？”

这时，一位消防员拿着一个透明的证物袋从霍利斯特书店走出来，里面是一团烧焦了的东西。

“这个可能是证据。”消防员对先前跟艾米莉交谈的那

位工作人员说。

记者立刻踮起脚尖，毫不掩饰地伸头去看。“那是什么？”她大声冲消防员喊道，“里面的东西跟我想的一样吗？”但消防员没有回答，转身又进了书店。

“他说的证据是什么意思？”艾米莉对詹姆斯说，“不是只有罪案才需要证据的吗？”

记者听到了艾米莉的话，对她说：“纵火不是犯罪，还能是什么呢？”

“纵火？”艾米莉感觉有点眩晕，“你们觉得是有人故意放火？”

“如果那个袋子里的东西跟我想的一样，我就敢肯定是有人纵火。”

詹姆斯迟疑着低声说：“那……那你觉得那个袋子里是什么？”

“我觉得那个防火袋里装的应该是一本马克·吐温的《汤姆·索亚历险记》。”女记者说。

29

“那是个防火袋？”詹姆斯问。艾米莉知道，詹姆斯想的是他们在红杉公园找到的那个绿色袋子里。不对，准确地说应该是基斯林老师找到的。他们把书放进袋子，只是以为那是基斯林老师和库尔布里斯的换书过程中必不可少的东西，并不知道袋子可以防火。

女记者自然不知道詹姆斯认识那个袋子，于是说道：“如今还真是什么东西都能造出来，对吧？这本应该是最近几个月以来第四本从火灾中幸免于难的《汤姆·索亚历险记》，如果说这火是随机发生的话。”说“随机”两个字的时候，她用手势打了一个引号。

艾米莉震惊得什么都说不出来。

“四场大火？”詹姆斯问。

“据我所知是这样。”女记者开始掰起手指数，“渡轮大厦码头一场，教会区一场，华盛顿广场一场，还有这次的霍利斯特书店。不过，这倒是第一次室内火灾，另外三场火灾都没有造成人身伤害。我在想这是否意味着纵火犯越来越胆大了，或者说越来越急躁了。”女记者咬着手上的笔，嘟囔道。

“渡轮大厦码头？”艾米莉问道，“有一本《汤姆·索亚历险记》在那儿？十月？”

记者有些惊讶：“你怎么知道是十月？没有媒体报道过那件事呀。至少据我所知没有。”她皱着眉，打量着霍利斯特书店外的人群，仿佛泄密的叛徒就在他们中间似的。

去年十月，基斯林老师曾在渡轮大厦“偷猎”了一本艾米莉正在寻找的《汤姆·索亚历险记》。至少按照艾米莉的推断，那本书应该是被基斯林老师抢走的，因为等她和詹姆斯找到那儿的时候，书已经不见了。艾米莉记得，她当时为了赢得更多积分，还特意在网站上“宣示”了那本书，所以基斯林老师肯定也在网站上看到了有人要寻找这本书。现在，艾米莉已经知道基斯林老师和库尔布里斯是在通过《汤姆·索亚历险记》通信。所以一切都说得通了，她对这本书的“宣示”，肯定让基斯林老师着急了，他必须抢先找到这本书。

艾米莉想起那几次门铃声，其中一次肯定是基斯林老师离开书店时发出的。她推断基斯林老师想必是找到了他们藏起的那本《汤姆·索亚历险记》，破解出了假库尔布里斯的信息后便离开了。他知道着火的事吗？他之前找到《汤姆·索亚历险记》的那些地方是否也发生了同样的事？

艾米莉心想，回家之后一定要去“寻书侦探”网站查一下，看库尔布里斯和巴贝奇藏书的地方是否与女记者提及的地点吻合。她一直在心里默念着几个地点的名字，以免自己忘记：渡轮大厦、教会区、华盛顿广场、霍利斯特书店。

“那红杉公园呢？市中心呢？”艾米莉问，“那儿是否也发生过火灾？”

女记者奇怪地看着她：“没有。为什么这么问？”

一瞬间，艾米莉感觉自己几乎要露馅儿了。不过很快她松了一口气，她听到妈妈在叫她。艾米莉转过头，看到家人正从他们停车的地方沿着人行道走过来。父母一过来就抱住了她，马修往后退了一步，温和地看着他们的亲昵拥抱。艾米莉的爸爸走过去跟一位警察交谈，妈妈则站在她身后，双臂紧紧环着她的肩膀。

马修走到马路边上，在霍利斯特旁边坐下。艾米莉看到哥哥一只手搭在霍利斯特肩头，说着什么。霍利斯特点点头，然后拍了拍马修的膝盖。马修又说了句什么，引得霍利斯特微微仰头，大笑起来。听到那笑声，艾米莉也不由得微笑起来，心中暗暗惊叹哥哥是怎么做到的——瞬间搞清楚状况，然后毫不犹豫地说些或者做些什么。而且他的冲动行事还总是能收到积极的回应。要是霍利斯特书店起火时在里面的是哥哥，他会第一时间意识到不对劲，然后迅速跑到前台。想到这些，艾米莉不由得往后退了退，不知道该怎么办才好。

回家路上，艾米莉坐在萨尔里陷入了沉思。难道说真的是有人故意纵火？谁会对霍利斯特书店做这种事呢？四场火灾发生地是否真的都发现了《汤姆·索亚历险记》？如果它们就是基斯林老师找的那些书，那他又是为什么以及如何被卷到这件事中的？

萨尔开始爬坡，艾米莉望着窗外，突然看到查理正在不远处上车离开。查理不认识他们的小货车，艾米莉也没打算跟他挥手或打招呼。艾米莉这才知道查理原来把车停得这么远，所以他当时才会离开书店那么久，但她还是生气查理把她一个人留在店里。

行至山顶时，艾米莉看到一个限停两小时的交通标志牌。她转过头从后窗往外看去，查理的车还在山脚下，打着转向灯，正等着左转。

“怎么了？”詹姆斯问。

“这片街区都只能停两小时的车。”艾米莉说。

“没错呀。”詹姆斯说。

“没有停车计时表。”艾米莉又说。

詹姆斯一脸疑惑，艾米莉知道他在疑惑什么，毕竟他们自己不开车。

“我之前问查理为什么会离开书店，他给我的回答是要去付停车费。可我刚刚亲眼看到他坐进了停在这个街区的一辆车。”

詹姆斯顺着艾米莉的目光看去，立刻明白了过来。

“他在说谎。可他为什么这么做呢？”詹姆斯问。

“问得好。”艾米莉说。

回到住处后，詹姆斯来找艾米莉。他爸爸又出差到外地去了，而妈妈和外婆到格兰特的花市为中国农历新年买东西去了。

艾米莉打开笔记本电脑，登上“寻书侦探”网站。她和詹姆斯斜靠在窗子旁的墙上，他们用来传递信息的那个桶就吊在窗户外头。詹姆斯送给她的一对鹿角和他们俩第一天上学时的合照仍挂在窗台上。暗淡的墙壁上残留着艾米莉新年前涂上去的色块，还在等着她做出选择。但艾米莉几乎已经把这件事完全忘在了脑后，原本都已经习以为常了，可现在看过去却觉得极其刺眼，仿佛雪地上被碾烂的汽水罐。

“从寻书的历史记录来看，都对得上。”艾米莉简直无法相信电脑屏幕上的信息，“基斯林老师十月在渡轮大厦找到了一本《汤姆·索亚历险记》，十一月在教会区又找到了一本，然后是十二月在华盛顿广场。那个女记者说马克·吐温广场没有发生火灾，可你要知道，那天在基斯林老师找到书后，书又被我们拿走了，藏到了霍利斯特书店。”

“也就是说，如果我们那天没有拿走书，马克·吐温广场可能也会发生火灾。”詹姆斯说。

两人沉默地盯着网站的页面。

“还记得林登女士跟我们说过的关于‘无法破译的密

码’的事吗？”艾米莉摆弄着牛仔上衣的袖口，“就是那个会引发火灾的传说？那个诅咒……不可能是真的，对吧？”

那天在中心图书馆听林登女士说起火灾诅咒时，他们并没有当真，感觉就像篝火露营时听的那种鬼故事，虽然听起来挺吓人，但大家都知道那只是虚构的。但是今天，在霍利斯特书店真正经历过火灾之后，在那种苦涩的烧灼味道还未褪去的时候想起诅咒的事，艾米莉不由得内心翻腾起来。

“不可能是真的。”詹姆斯说，语气十分坚定，“诅咒不会用库尔布里斯的名字发帖，也不可能在‘寻书侦探’上藏书。传说就是传说，不可能真的到现实世界中纠缠我们。我总觉得库尔布里斯、基斯林老师和那些火灾之间有某种奇怪的关联。如果我们能弄清楚为什么恰好在找到这些书的地方发生火灾，或许能找出答案。”

“你觉得基斯林老师会不会就是……”艾米莉欲言又止，怀疑自己的老师是纵火犯有点太过匪夷所思。

“我不这么认为，但背后肯定另有隐情。”詹姆斯说，“如果纵火犯不是基斯林老师，那就只能是库尔布里斯了，不管那个库尔布里斯到底是谁。”

“万一是查理呢？”艾米莉问。

“谁放的火？”詹姆斯皱眉沉思着，质疑着艾米莉的猜测，“动机是什么呢？”

艾米莉也想象不出为什么会有人做出在霍利斯特书店纵火这种事。“但在为何离店这件事上，他确实撒了谎，而且他也是基斯林老师的学生，也知道‘无法破译的密码’的事。他完全有可能是库尔布里斯。”

詹姆斯打了个手势，让艾米莉把笔记本电脑递给他。

“你要干什么？”艾米莉把电脑递给他。

“我要用管理员账号登录‘寻书侦探’，看能不能找出更多有关库尔布里斯的信息。”

艾米莉扬起眉毛：“我们……我们可以这么做吗？”

“格里斯沃尔德先生和杰克交给我们的工作之一就是管理网络社区，我们这样做也是为了社区能有一个安全积极的环境嘛。我们先看看库尔布里斯的账户注册信息。”

“看他在‘职业’一栏里是不是填了纵火犯？”艾米莉打趣道。

“说不定呢，毕竟人类能干出的蠢事超乎想象，”詹姆斯说，“不过要是注册账户上是查理的名字，那所有谜团就都迎刃而解了。”说完，詹姆斯在键盘上敲打了一阵，找到了想要的结果。他眯起眼睛盯住屏幕，不自觉地咬着拇指指甲。“这说不通呀，”詹姆斯思考一番后说道，“库尔布里斯的账户上留的是基斯林老师的邮箱。”

“什么？”艾米莉走到詹姆斯身旁。

“注册‘寻书侦探’账户的时候，需要填写邮箱并设置密码，对吧？管理员看不到密码，但可以看到账户链接的邮箱地址。而库尔布里斯的邮箱地址是基斯林老师的全名。”

“可如果基斯林老师既是巴贝奇，又是库尔布里斯，那他干吗用密码跟自己通信呢？这……这太荒谬了。”艾米莉说。

詹姆斯于是转到巴贝奇的账户。“有意思。邮箱地址不一样，这个邮箱地址中基斯林老师的名是缩写的，只有姓氏是完整的。”

“他有两个邮箱账户？”艾米莉问。

“有这个可能。只要愿意，他想注册多少个邮箱都行。问题是为什么要这样做？而且为什么要在‘寻书侦探’上注册多个账户呢？”

“还有，为什么要通过论坛跟自己对话？是想让别的什么人以为库尔布里斯是真实存在的吗？”

詹姆斯用手指尖敲着键盘，思索着。“还是说，也许库尔布里斯是别的什么人，但他想把自己伪装成基斯林老师，于是便用他的名字注册了一个邮箱。”

“可……为什么呢？”艾米莉最后问道。

“如果我们能找到这个问题的答案，”詹姆斯说，“那我们也就能知道库尔布里斯是谁了。”

30

当天傍晚，艾米莉躺在床上，想在晚饭之前小睡一下，可等她再睁开眼睛时，却听到教堂的钟声在耳畔回响，原来已经是星期天的早上了。她不愿再回想任何跟前一天的火灾有关的事，包括那个“无法破译的密码”，更何况一想到它，就会忍不住想到基斯林老师。于是艾米莉决定跟父母还有马修一起去 39 号码头看海狮，吃一顿酸面包和蛤蜊浓汤。书店或图书馆曾是最让她感到放松的地方，可经过霍利斯特书店的火灾之后，一想到要被一堵堵的书墙包围，她就不由得感到害怕。

星期一早上，艾米莉等着詹姆斯一起去上学，看到詹姆斯扛着两个鼓鼓的大垃圾袋颤巍巍地从楼梯上走下来。

“那都是些什么呀？”艾米莉问。

“每年这个时候，外婆总要疯狂地打扫屋子。她希望新年能有新气象，要把这些旧杂物都清出去。”

“全新的开始。”艾米莉想起自己一个多月前站在浪琴石园时，也曾抱着同样的期待。有那么一瞬间，艾米莉无比渴望回到那一天，那个完美的新年第一天。

詹姆斯把垃圾袋抛进垃圾桶，但垃圾袋实在堆得太高，垃圾桶的盖子无法完全盖上。詹姆斯只好跳起来把垃圾袋往下按，试图借助身体的力量把垃圾袋压下去，可依然没用。他气愤地用力摔下盖子，结果盖子受力反而再次弹了起来。詹姆斯无奈，只好任由垃圾桶的盖子开着，仿佛一张塞满了食物后无法闭合的大嘴巴。艾米莉看着詹姆斯气呼呼地大步走开，连忙加快步伐去追他。

“你没事吧？”她问，詹姆斯应该不至于为了两袋垃圾这么沮丧。

“没事。”詹姆斯说，但语气却不像没事的样子。两个人一路沉默，直到詹姆斯开口道：“还记得我们之前讨论过，如果真的找到宝藏想做些什么吗？”

艾米莉点了点头。

“我现在改变主意了。如果真的找到宝藏，我不会再买电脑，我想把钱给我爸爸。今天早上，我跟他说他应该换个工作，就不用那么频繁地出差了，结果被他笑话了一顿。他跟我说，咱们干脆去街上当流浪汉算了？总之，我知道这很傻。但我希望能把我的那份钱给他，这样他就能放心地辞掉现在的工作，另找一份新的了。我知道这种想法很无聊，但这就是我想做的。”詹姆斯扯着书包的肩带，头扬得高高的，一脸坚定，仿佛他们正走在领取宝藏的路上。

“这并不傻。可能有人会觉得无聊，但我能理解。我也会把我的那份钱给我的爸爸妈妈。这样我们就能留在旧金山了。”

詹姆斯闻言停住了脚步。“你不会搬走的吧，对吗？”

“不，不会。”艾米莉连忙说，“至少我认为不会。不过，如果有更多钱，就能更加确定了。”

“那就好。”詹姆斯说。他的心情似乎比刚才跟垃圾桶较劲的时候好了一些。詹姆斯开始说起自己前一天晚上看了一个名叫奥文·金的艺术家的节目，他用密写墨水手绘画作，描绘中国古代神话中的场景。

“如果你去看画展，一定得打紫外线灯，这样图画才会显现出来。”詹姆斯解释道。

“好酷哦！像是一种加密艺术。”

两人一路谈论着如何创造一种肉眼不可见的艺术，直到转入霍利斯特书店所在的那条街，两人都陷入了沉默。

破碎的橱窗用木板封了起来。清晨时分，里面看起来黑洞洞的，玻璃门上甚至连“打烊”的牌子都没挂。艾米莉从未想到，一块“打烊”的牌子竟然也有安定人心的力量。

“万一霍利斯特无法让书店重新开张呢？”继续往学校走的路上，艾米莉提出了心中的疑虑。父母告诉她，书店的主要结构受到了损坏，要等修缮之后才能重新开张。艾米莉知道有很多书——即便不是全部——也被浓烟和喷水系统毁坏了。她和詹姆斯这段时间经常谈论全新的开始之类的事情，霍利斯特也同样需要一个全新的开始。可如今艾米莉才意识到，当你面对失去的时候，新的开始还有一种不同的意味。

“这种事竟然发生在霍利斯特身上，这不公平。”詹姆斯说。

“我知道。即使是意外事件也够糟糕的了，如果是有人故意纵火呢？不能让始作俑者逍遥法外。”

学校里也有一些同学在谈论周末的书店火灾，但似乎没人知道艾米莉也在现场，而她自己也没有主动透露。她不想谈论这件事。艾米莉走进教室的时候，基斯林老师想必也感觉出了这一点，因为他只是拍了拍艾米莉的肩膀，说：“艾米莉，很高兴看到你。”基斯林老师往常从来不会单独跟某个学生打招呼，所以艾米莉读出了他这么做的意味，也明白他真正想说什么——看到你没事我很高兴。

课堂上，艾米莉始终无法集中注意力。只要看到基斯林老师，她就会想到基斯林老师星期六早上为什么会去霍利斯特书店——因为她和詹姆斯把书藏在那里，又用假线索引诱他去找。如果说基斯林老师与库尔布里斯，以及那些火灾案之间真有什么联系，那艾米莉自己也得为书店的火灾负上一部分责任。一股挥之不去的愧疚感在她心里涌动着。

艾米莉假装一切正常，总算熬过了半周，迎来了周三的舞蹈委员会会议。由于奥尔特加老师需要无限期卧床休息，因此斯隆先生顺理成章地接替她成为俱乐部咨询老师。

“艾米莉，”斯隆先生声音轻柔地安慰她，“我听说了霍利斯特书店的事情，太遗憾了。我知道你当时就在现场，肯定吓坏了吧？”

“唔。”艾米莉咽了一口口水，感觉那股愧疚堵在喉咙处。虽然她绝口不提，大家还是知道她当时就在书店的事了。“是的。不过我没事。”

斯隆先生拍了拍她。“没关系，谁遇到这种事都会害怕的。”

艾米莉知道斯隆先生是想安慰她，所以她勉强挤出一个笑容，然后找了个位置坐下。但斯隆先生的话确实也提醒了她，她不能假装这一切没有发生过。尽管她不愿意再去想这些事，但霍利斯特书店遭遇了一场大火，而她确实就在现场。她没办法不去想。唯一能让事情有所改善的办法，就是解开库尔布里斯的谜团，只是她要如何去做呢？

艾米莉和詹姆斯一直在犹豫，是否应该告诉基斯林老师，库尔布里斯用他的邮箱注册了一个账户。而现在又牵扯上了纵火案，他们更拿不准应不应该说了。一直以来，她都坚定地认为基斯林老师对那些火灾并不知情，可万一她错了呢？万一把这一切告诉了基斯林老师，反而让事情变得更糟糕了呢？

她目前唯一能够做的，就是继续关注基斯林老师和库尔布里斯在“寻书侦探”网站上的发帖交流。自从那条分手信息之后，他们之间就没再有什么交流，即使她和詹姆斯煞费苦心地藏了一本书当诱饵，也没有引起什么动静。

舞蹈委员会的人员到齐后，薇薇安拍了拍手，说：“好了，我们还有很多事情要做，而现在距离情人节只有一周了！”

“事实上，是一周半。”詹姆斯纠正道。

薇薇安继续说：“第一件事情，我们需要把游戏活动的细节确定下来。”

在大家都发表过意见之后，妮莎大声念出自己的笔记，以确保没有什么错漏的地方：“共设三组进行对抗——乔治·华盛顿组、亚伯拉罕·林肯组，以及西奥多·罗斯福组。暂定每十人一组，如果售票情况良好的话……”

这时，詹姆斯插话了：“如果临近活动开始时发现售票远超预期，我们可以分成上下半场进行游戏，这样就可以让更多的人参与了。”

“那同样也有可能比我们预计的要少，可能连十个人一队都不够，因为并不是所有参加舞会的学生都想玩这么幼稚的游戏。”马迪紧抱双臂，补充道。

“如果我们同意你的建议，在所有装饰品上都挂上小心心，你是不是就不会这么抱怨来抱怨去了？”戴文问。

马迪立刻放下手臂，坐直了身子。“我不是抱怨，只是陈述事实而已。并不是每个人都想玩这种游戏的。”

这时，斯隆先生举起手：“好了，好了。我们是一个团队。马迪和詹姆斯说的都有道理，为所有情况都准备好应对方案是一件好事——无论参与者太少还是太多，都有办法应对。妮莎，你要继续吗？”

妮莎清清嗓子：“凯文和戴文从他们的妈妈那里借了一批服饰给我们，他们还会问问同学们看能否借来更多的外套、假发和饰品，这样才够用。”

双胞胎闻言做了一个竖大拇指的动作，表示他们已经准备就绪。

“游戏会按照以下流程进行，”妮莎说，“每组成员都打扮成相应总统的模样，然后进行一段障碍赛——分别是跳呼啦圈、爬过彩纸网格，然后在脚踝处用丝带系上一个气球。一旦前一个队员的脚踝系上气球，下一位队员便立刻穿上总统服装，进行同样的一段障碍赛。用时最短的两个队再通过踩气球进行比拼，保住气球的队将获得最终的胜利。”

“大家都同意吗？”薇薇安问。大家纷纷点头，小声表示同意。“好，那我们就开始行动。”

薇薇安开始给大家分配任务：妮莎和马迪负责绘制欢迎条幅；艾米莉和詹姆斯用海报纸剪出巨型的红色、白色和蓝色心形，挂在体育馆的天花板上；凯文和戴文负责研发红色、白色和蓝色的柠檬汁。薇薇安在不同的小组间来回穿梭，不时嚷上几句：“距离情人节只有一周了，同学们！”仿佛她慌张的大嗓门可以帮助大家干得更快。

“是一周半。”詹姆斯纠正道。

薇薇安懊恼地挥着手：“这场舞会肯定会糟糕透顶。”

斯隆先生站在讲台上，有些不知所措地看着大家。“我们不要还没开始就先认输嘛，薇薇安。下个周三还可以再开一次会。这是大家共同的事情，你何不帮着艾米莉和詹姆斯去剪纸呢？”

艾米莉一手铅笔一手剪刀给薇薇安递过去。“描线还是剪切？”

薇薇安接过剪刀，顺势在一张椅子上坐下。“我来剪好了。”

斯隆先生拍了拍手，又搓了几下。“很好。这样就快了。妮莎和马迪……”斯隆先生不断地拉开一个又一个抽屉又关上，直到找到他要的东西，“这把热风枪可以帮助你们吹干颜料。这样你们就能更快地完成海报，不用担心颜色会变成一坨一坨的。”

妮莎接过了热风枪，把它插到离得她们最近的插头上，打开开关试了试。热风枪发出一阵低低的轰鸣，温度跟家里用的暖气差不多，风力跟旅行用的便携吹风机没多大区别，只是尺寸小一点儿、噪音也小一点儿而已。

“还有，凯文和戴文，”斯隆先生继续说，“可能柠檬汁的实验还不是当下最紧急的任务。”

两兄弟正透过护目镜盯着水槽，他们坚持要戴着护目镜操作，尽管薇薇安表示完全没有必要，还会显得很滑稽。

除此之外，他们还戴上了厚厚的橡胶手套，拿着装满红、蓝液体的烧杯，面前摆着一排排的纸杯。

“他刚才是说食物和饮料不重要吗？”凯文问戴文。

“简直荒谬。”戴文轻声嘟囔道。

“不做实验，我们怎么调配出完美的国旗蓝呢？”凯文说。

戴文脱下手套，拿起一个纸杯。“或者确保柠檬汁尝起来有自由的味道呢？”说完，戴文吸啜了一口，又忙不迭地把纸杯放回，然后掏出一张纸巾，使劲擦着自己的舌头。

“还是不行？”凯文问。

“这味道尝起来像是你被禁足在小单间中，而你的小妹妹却在外头看《嘎巴宝宝》。一点儿都不自由。”戴文说。

“漂白剂的味道。”凯文耸耸肩，“薇薇安说得没错，这场舞会将会是一场灾难。”

所有人都大笑起来，除了薇薇安。她噘起嘴巴，用剪刀更残忍更卖力地剪着纸板。“下次绝不让怪胎进委员会，”她自言自语地嘟囔着，“切记切记。”

经过几分钟的沉默，马迪率先开口：“大家有谁听说了周末火灾的事吗？”

妮莎接过话：“我听说是你朋友的书店，詹姆斯。就是你和艾米莉办签售会的地方。”

这句话瞬间让艾米莉成为焦点，导致她差点剪歪了。艾米莉不用抬头，都能感觉到大家向她和詹姆斯投过来的目光。

凯文或戴文——单凭声音，艾米莉无法确定是双胞胎中的哪一个——说："我听说了。我爸爸说可能是那个书店老板需要钱。"

这句话让艾米莉抬起了头："你爸爸为什么这么讲？"

凯文推推戴文，试图提醒自己的兄弟别那么多话。"书店老板是艾米莉和詹姆斯的朋友。"他说。

戴文却继续说着："我也不太确定。不过是我爸爸的猜测而已。他说大部分的纵火案都是老板为了获得保险赔偿金自己放的火。这叫保险诈骗。"

艾米莉愤怒地盯着戴文，她多么希望自己的目光能让他感到疼痛。平时艾米莉还挺喜欢戴文的，没想到他会说出这么愚蠢的话。"散播这种谣言，跟纵火犯有什么两样？要我说，比纵火犯还可恶。"

戴文似乎被艾米莉的话吓了一跳。艾米莉知道戴文也并非故意说一些让她难受的话，但艾米莉还是忍不住生气。

"霍利斯特甚至……"艾米莉刚想说火灾发生时霍利斯特甚至不在现场，随即又担心会有人问她怎么知道这些细节。她真的不想再提起在书店的遭遇了。

"他绝不会做那样的事情。"詹姆斯替艾米莉把话说完。

"没错。"艾米莉附和一句，然后继续专心剪纸板。本以为舞蹈委员会的会议能让她稍微转移一下注意力，暂时不去想那场大火的事，也可以忘却大火是否与基斯林老师、库尔布里斯，以及那个"无法破译的密码"有所关联。

可现在，她的思绪又不可避免地转回到这些问题上。

“所以，”斯隆先生打破了令人尴尬的沉默，“给我讲讲你们关于舞会的其他计划吧。听上去你们似乎已经把游戏和玩乐的部分计划好了，但最关键的舞会部分打算怎么筹备呢？”

薇薇安从椅子上站起来，拿起活页夹和铅笔。“舞会要怎样办？”她问。

“放轻松，薇薇安。”斯隆先生投降似的举起两只手，“我不是在质问你。我只是在想，你们是否想过需要请一个 DJ？”

“当然，”薇薇安说，“他是艾米莉和詹姆斯的一个朋友。”

“我跟他可算不上朋友，”詹姆斯说，“但我们确实认识。”

艾米莉和詹姆斯对视一眼，她知道詹姆斯肯定是想到了查理之前撒谎的事。但一个谎言并不能证明他就是纵火犯。

“歌单你们都想好了吗？”斯隆先生问，“歌单非常关键。也可以看看他是否有造雾机和转球灯之类的东西，舞会上少不了这些东西。”

薇薇安在纸板上沙沙写着。“我们还没有想歌单的事。”她嗫嚅着说。

“你们得有一个歌单，”斯隆先生说，“不然 DJ 就只能不停重复播放《玛卡雷娜》了。”

大家听了都大笑起来。见大家不再谈论霍利斯特书店的大火，艾米莉也松了一口气。凯文和戴文则一边唱着

《玛卡雷娜》一边戴上护目镜。他们先伸出一只手，然后伸出另一只，接着又收回来，两手交叠放到肘部，同时扭动着臀部，嘴里还大声唱着："嘿嘿嘿，玛卡雷娜！"

詹姆斯摇了摇头："真不敢相信，他们竟然知道这个。"

"这应该成为总统挑战赛的一部分！"凯文大叫。

"不行，绝对不行。"薇薇安说。

凯文和戴文转过身，朝另一个方向做起同样的动作，结果却撞到了摆满纸杯的桌子。几个装满柠檬汁的纸杯翻倒滚落下来，其中一个正好落在马迪正在画的海报上。马迪一声惊呼。紧接着，更多的液体从实验室台上流下来，滴在她的作品上。斯隆先生赶紧跑到墙边，拿起几卷纸，帮马迪去擦被水泡湿的海报。妮莎也赶紧把热风枪拿过去，试图把它吹干。

"变成棕色了！"马迪大叫，"你把它烧焦了！"

妮莎赶紧关掉热风枪。

"不是烧焦了，"艾米莉说，"变成棕色是因为柠檬汁。酸性液体经常被用作密写墨水，一旦遇热就会改变颜色。"

原本忙着擦海报的斯隆先生抬起头，一脸惊喜地看着艾米莉："非常棒！"

去年秋天，在寻找格里斯沃尔德先生丢失的爱伦·坡手稿时，艾米莉亲眼见识到了密写墨水的变色过程。但实际上……

艾米莉伏下身子，假装帮忙清理，实际上是想端详一下那块棕色的柠檬汁印迹。这块痕迹让她想到了"无法破译的密码”上的那块印迹——棕色、弧形，看起来像是曾经有人不小心把咖啡杯放在上面，可如果那并非咖啡杯留下的呢？他们现在已经发现，那张纸折叠之后，X标记会落在一个代表小岛的圆圈里。难道说还有更多信息隐藏其中？

31

意识到“无法破译的密码”还有更多可以挖掘的东西，艾米莉激动不已。她手忙脚乱地捡起一个纸杯，结果却把纸杯里残留的果汁也洒了出来。

“小心。”马迪愤怒地说。

艾米莉抓起几张纸巾，帮着他们一起清理，但还是没来得及保住海报，上面的颜料洇成一团，纸张也变得皱巴巴的。

“全毁了。”马迪哼道，“我的字写得那么完美，全完了。”

“对不起，马迪。”艾米莉说，尽管打翻杯子的人并不是她。

“今天时间差不多了。”斯隆先生大声说。

“当然啦，”薇薇安接过话，“我们今天肯定干不完的。”

“别担心，”斯隆先生安慰道，“这不还有下周嘛。而且你要记住，最重要的是大家在一起玩得开心，而不是每个细节都追求完美，那也不太现实。”

艾米莉站起身，想赶快把自己的发现告诉詹姆斯。于是出门的时候她特意没有跟大家一起走，而是扯住詹姆斯的手臂，把他拉到一个角落。

“干吗？我们这是要去哪儿？”詹姆斯猝不及防，疑惑地问道。

“有件事需要跟你说。很重要。”确定周围没人之后，艾米莉说，“你知道热风机是怎么把马迪海报上的柠檬汁变成棕色的吗？”

“天哪，她疯了吧。”詹姆斯边说边摇头。

艾米莉甩了甩头，不再去想马迪。“‘无法破译的密码’是从大火中幸存下来的，对吧？万一那张纸上的棕色印迹不是偶然产生的，而是用密写墨水写下的信息，在火灾中受了热才有一部分显现了出来呢？”

詹姆斯如梦初醒，不知不觉松开了原本紧握着书包背带的手，书包也随之滑落到他身侧。“哇哦，”詹姆斯叹道，“或许大家以为是密码的那些字母格压根儿就不是密码，而只是用来掩人耳目的！”

两人沿着走廊往前走去，詹姆斯的每一步都带着欢欣和兴奋。“我曾在书上读到过，乔治·华盛顿让他的间谍用密写墨水把秘密信息写在行与行之间的空白处。如果说乔治·华盛顿时期就已经存在密写墨水了，那么淘金热时期就更不在话下了。”

“别忘了埃德加·爱伦·坡的《金甲虫》，”艾米莉用去年秋天他们读到的这部小说提醒詹姆斯，“那本书里也提到了密写墨水，而且爱伦·坡创作这个故事的时候是在19世纪。”

有人正在打扫通往正门的通道，于是他们转了一个弯，朝侧门走去。

“不过，问题又来了，”艾米莉说，“我们怎样才能给图书馆里的文档加热呢？林登女士看起来挺好的，但我想她肯定也不会同意我们带吹风机进去，照着那些珍贵的历史文件猛吹。”

“是啊，肯定不行。”詹姆斯附和道。他伸手去推侧门，却推不开，“这道门是被锁上了吗？”詹姆斯试着用更大的力去推，还把肩膀倚上去用力撞，才总算把门撞开了。原来门锁里被人塞了嚼过的口香糖，口香糖已经变成了黑黑的一团，所以才这么难开。

“啊，有些人真讨厌。”艾米莉说。

两人走到阳光下，詹姆斯打了一个响指：“我知道了，你觉得用紫外线灯怎么样？”

“紫外线灯？”

“还记得我那天跟你说的那个艺术家吗？就是用密写墨水画画的那个。需要用紫外线灯照着才能欣赏他的画作。”

“紫外线灯。”艾米莉点点头，“这主意不错。马修应该有这个。”

回到家时，他们看到马修正在房间里摆弄乐高积木，给他最爱的 Flush 乐队拍新的定格动画。马修没有紫外线灯，不过他拿出手机。“说不定只要一个应用程序就解决了！”

果然有，不过需要花五美元购买。艾米莉咬住嘴唇。“对于一个只用一次的东西，这可不便宜呀。”怎么现在什么东西都这么贵呢？

“我们可以自己做一个吗？”詹姆斯沉思道。

在网上搜索一番后，他们找到一个方法，可以把马修的手机暂时变成紫外线灯。

“现在我们只需要一卷透明胶带，以及蓝色、紫色的记号笔。”马修说。

艾米莉去妈妈平时做平面设计用的工具里翻找了一通，找到了需要的记号笔。他们按照方法里说的那样，先剪下两段胶带，涂成蓝色，然后贴到手机的闪光灯上，又另外剪了一段胶带，涂成紫色，贴在蓝色胶带上面。马修打开手机的手电筒功能，鲜艳的紫色光芒随即亮了起来。

只是这时候再去中心图书馆借阅“无法破译的密码”已经有点儿太晚了，所以他们只能在明天放学后再去测试自己的理论是否正确了。艾米莉跃跃欲试，几乎已按捺不住激动的心情。

周四下午，艾米莉和詹姆斯一放学便急忙跑回家跟马修会合，拉着他一起去中心图书馆。

“我也必须得去吗？”直到一起坐上公交车，马修还在问。

“不，你并不是非去不可，”艾米莉说，“我已经跟你说过三次了。我需要的只是你的手机，并不是你。只是你不愿意让这傻手机离开你的视线而已。”

马修把手机抱到胸口，轻轻拍了拍。“别听她的，”他像在哄小孩一样，“你不傻。你可不傻！”

到了中心图书馆的六楼，迎接他们的跟上次一样，还是林登女士。

“你们好呀！有一段时间没见了。”她把自己长长的绿色发辫甩到身后，“你们有突破了？”

“差不多吧。”艾米莉不自然地说，然后看了詹姆斯一眼。他们确实有所突破，比如折叠后发现X会落在其中一个圆圈里，当然还有她关于那个棕色印迹的推断。但眼下她还不确定自己的想法是否正确，所以还不能说。

"我们可以再看看那个'无法破译的密码'吗？"

"当然可以。我去给你们拿来。"林登女士丝毫没有怀疑，至少表面上并没有表现出来。

他们三个跟上次一样把背包留在前台，只带了艾米莉的笔和本子，还有马修的手机。他们走到一张长桌旁，等林登女士把资料夹拿过来。

林登女士拿来了资料夹，一等她走开，他们便迫不及待地围上前去。艾米莉期待已久的答案离她似乎只有一步之遥，只差用紫外线灯照一下。

"那么？"詹姆斯问。

"那么……"艾米莉也有些犹豫。

"你们俩到底在害怕些什么？"马修翻开资料夹，掏出手机，"我们开始吧。"

艾米莉把所有注意力都放在那个看似咖啡渍的印迹上。如果它真的不是偶然留下的，而是密码的一部分，谁知道在紫外线灯的照射下会显露出什么秘密？也许那张纸上写满了文字，又或许是一张更详尽的地图？

马修摆弄了一下手机，打开了手电筒。他举起手机，让整张纸都沐浴在紫色的光线中。艾米莉眯起眼睛，朝桌子凑得更近了一些。在紫色的光芒下，纸上显现出一些图案，仿佛是用刷子画上去的直线和折线。艾米莉不由得屏住了呼吸。真的藏着东西吗？色调的变化十分微弱，艾米莉也不确定是因为自己太过期待，以至于放大了想象，还是说纸上真的显现出了图形。

“你们看到了吗？”艾米莉问哥哥和詹姆斯。

“我想我看到了。”詹姆斯说。

“看起来像是一幅画。”马修补充道。

这时，林登女士的声音突然从他们身后传来，把他们吓了一跳。“你们这是在看什么？”

32

马修赶忙关上手机灯光，三个人齐刷刷望向林登女士，一时间愣在当场。但随后艾米莉便意识到，假装什么都没干实在够傻的，因为林登女士显然已经观察他们一段时间了。

“我……我是觉得这张纸上会不会用密写墨水写了什么信息。所以我们把马修的手机改造了一下，使它能发出紫外线，然后……”

“看起来艾米莉猜对了。”詹姆斯也插进话来。

“但我们从网上找来的办法似乎不太好用，照出来并不清楚。”马修说。

林登女士扬起一边眉毛。“密写墨水？让我看看。”她看了马修一眼，示意他再次打开手机的手电筒。林登女士伏到纸旁，发辫也随着弯腰的动作垂到身前。马修打开手机的手电筒，紫色的光芒仿佛月光一般照亮了整张纸，艾米莉再次看到了那鬼魅一样的图案——刚才并不是她的想象。

“难以置信。”林登女士的声音有些颤抖，她站起身来，“我有样东西，可以让你们看得更清楚。稍等一会儿。”

说完，林登女士几乎是小跑着走出门，往另一个房间去了。当她再次返回来时，手上拿着一个细长的黑色物体，看起来像把尺子。“这是专业级别的紫外线灯。”林登女士说，“做档案工作时经常会用到，只不过用的时候一定要小心。如果照射的时间太久，可能会导致纸张和墨迹受损。我只是觉得这次算得上是一次有历史意义的重大发现，值得冒险用一下。”

四个人围聚在文件前。林登女士打开了紫外线灯，光线比艾米莉他们自制的紫外线灯要清晰和明亮得多，文件上的图案也清清楚楚地浮现出来，原来是两个符号：

希冀

看到那两个符号，詹姆斯瞪大了双眼：“我觉得这应该是汉字！”

艾米莉此时也看出来了，那些线条并不是图案，而是汉字。

“不可思议。”林登女士说。

“那你知道这两个字是什么意思吗？”艾米莉问詹姆斯。

“我认识的汉字只够用来看菜单。不过我外婆肯定认识。等晚上回去我们可以去问问她。”

马修拍了一张照片，艾米莉和詹姆斯也把那两个字抄在了纸上。

“这太不可思议了。”林登女士又感慨了一次，“简直不敢相信。”她把紫外线灯关上，然后又打开照了照，仿佛害怕这两个汉字会突然消失似的。

“你们觉得那个淘金者为什么要这样做？”马修问，“有没有可能他在这张纸上写下密码之前，压根儿不知道上面有字，只是以为这是张普通的白纸？”

“我觉得这不是巧合。”艾米莉说。

“没错。”詹姆斯也附和道，“说不定那是一个华裔淘金者，而这两个字可以提示他金子藏在哪里。而那些可见的字母其实是用来误导那些寻宝人的。”

“又或者这两者都是密码的一部分，缺一不可，”艾米莉说，“说不定是一个华裔矿工和一个讲英语的矿工共同写下的，用各自的母语来确保大家必须齐心协力才能重新找到宝藏，以免其中一个偷偷挖走宝藏……”

“或者杀了另一个人。”马修插嘴道。

“唔，真病态，不过确实有可能。起码按照这种加密方式，没有对方的帮助，他们就没办法破译地图，在岛上找到具体的藏金地点。”艾米莉说。

“岛？”林登女士问，“你们怎么知道宝藏是藏在岛上的？”

艾米莉和詹姆斯互相交换了一个眼神，詹姆斯耸了耸肩，表示无所谓。而艾米莉此时正因为这个新发现激动不已，特别渴望能跟其他人分享关于地图的新发现，于是就向林登女士展示了一下他们的发现——把文件折起来，X正好落在背面四个圆圈中的一个里面。

"不可思议。"林登女士再次感叹，自己也试着折了一次。

"但我们还不知道究竟是哪个岛，"艾米莉补充说，"我们一开始以为这三个靠在一起的圆圈代表的是天使岛、恶魔岛和金银岛。但不管怎么折叠，X看起来都落不到恶魔岛上。而在这个密码诞生的年代，天使岛属于军方，金银岛还不存在，所以……"

"但耶尔巴布埃纳岛一直都在那儿啊。"林登女士说，她指的是跟金银岛相连的那个天然小岛。

"没错。"艾米莉附和道，"想必就是那儿了。"但这一说法却并未让她振奋起来，因为耶尔巴布埃纳岛这些年来已进行了大量的开发。一方面，连接海湾大桥的隧道从岛上穿过，而且在好长一个历史时期，整个小岛都是归军方和海岸警卫队使用的。另一方面，那天骑单车环行金银岛时，她还看到了一栋正在建造中的新建筑。艾米莉觉得即使那里真有财宝，也更有可能是被开着挖掘机的工人发现，而不是他们这样的几个孩子——就跟奈安蒂克号出土的过程一样。

"还有海鸥岛。"林登女士说，"我在想，第四个圆圈代表的应该就是海鸥岛。”

“海鸥岛？你对海鸥岛有了解吗？”艾米莉问詹姆斯。

詹姆斯露出一个苦笑：“看来我有必要把‘我不是旧金山维基百科’这几个字印在衣服上了。”

“海鸥岛很小，比其他几个岛都要小，”林登女士继续解释道，“它不像天使岛或恶魔岛那样是著名的观光地，也不像耶尔巴布埃纳岛和金银岛那样交通方便。它实际上是一个私人岛屿——旧金山海湾仅有的一个——所以很多人都不知道它的存在。”

“私人岛屿？就是说，它是某个人的家？”马修问，“在旧金山海湾拥有自己的私人岛屿，很可能是摇滚明星呀。”

“它确实属于某个人——一位身家百亿的科技投资人，我想现在他应该生活在另一个国家。但岛上现在并没有人居住，那个岛一直没有被开发过，上面没有自来水，没有电。不过岛的拥有者允许人们登岛游玩、观鸟，这一点可能不为大众所知，但在航海爱好者圈里可以说是常识。”

“观鸟？”詹姆斯问。

“由于没有任何商业开发和人类活动，海鸥岛这些年来已经成了多种鸟类的庇护所。”林登女士解释道，“但在岛上捕鸟、燃放烟花、露营等则是不被允许的。”

说完，林登女士再次端详起密码上的圆圈。“如果从这边看的话，靠得比较近的三个岛应该对应着天使岛、恶魔岛和海鸥岛，X 落在海鸥岛上，耶尔巴布埃纳岛则是离它们三个较远的那一个。”

“海鸥岛。”艾米莉喃喃念叨着这个名字。有了这两个汉字，并且知道 X 对应着海鸥岛，他们已经看到了揭开谜底的曙光。只是这种胜利在望的喜悦转瞬间就被林登女士接下来的话击碎了。“你们的想法很棒，肯定能帮历史学者们前进一大步，并最终找到答案。”

艾米莉一下子没拿住笔，只好赶紧俯身捡起来。“历史学者？”她看着面前的密码，林登女士关了紫外线灯后，“无法破译的密码”又变成了之前平平无奇的样子。一旦这个发现被公之于众，肯定会掀起一场破译热潮。这个密码很可能会再次受到狂热追捧，就跟 1978 年奈安蒂克号被发现时一样。艾米莉仿佛看到有一队历史学家从门口冲进来，一把夺过文件夹，然后自行破解密码去了。

艾米莉抬起头，看到林登女士正若有所思地看着她。“你们知道，”林登女士每个字都说得很慢，连语调都是一样的，“要把这个发现公之于众，需要整理很多文件，如果没有很快从新闻上看到这个消息，但愿你们不会太失望。”

艾米莉笑了——林登女士的话让她忍不住嘴角上扬。她知道林登女士不可能向公众隐瞒这个发现，但至少他们现在又多了一点儿时间去探寻其中的秘密。

这天晚上，艾米莉坐在自己房间里，试着把注意力集中到家庭作业上。可她的思绪总是忍不住飘到那个“无法破译的密码”上，期待着楼上响起敲击声。詹姆斯打算晚饭后跟外婆聊聊，而艾米莉迫不及待地想知道詹姆斯的外婆看到那两个汉字时会说些什么。

终于，楼上传来了敲击声。艾米莉走到早已打开的窗户前，桶一放下来便迫不及待地抓起里面纸条。上面写着：

SKU STBQ BV NUTFS KXJU.

(She said it means HOPE.)

（她说那两个字的意思是“希望”。）

“希望。”艾米莉轻声念道。一种失望的情绪在心底蔓延开来，她想象不出光凭这样一个词，要如何找到宝藏。

艾米莉写下回复，把纸条放进桶里传了回去。

ZKD QX DXL VKBFO BV'S VKUPU?

(Why do you think it's there?)

（你觉得为什么要写那两个字？）

詹姆斯回复道：

B QXF'V OFXZ. NTDHU IXP WLEO?

(I don't know. Maybe for luck?)

（我也不知道。可能是为了祈求好运？）

艾米莉皱着眉，思考着詹姆斯的话。不管这两个汉字是谁写下的，都肯定是有意为之，从一开始就是经过深思熟虑的。想想看，首先需要准备密写墨水，然后在写下密码或者地图之前写到纸上。这个过程可不简单，每一步都需要精心布置，应该不只是巧合那么简单。

艾米莉想象不出其中的具体过程，但她敢肯定，这两个用密写墨水写下的汉字定然是这个世纪大谜题的一部分，而她决心要成为那个找到答案的人。

33

这个周末，詹姆斯在忙着和家人庆祝农历新年，艾米莉只能自己在家转悠，看看书，做一会儿家庭作业，或者在脑海里试着组合“无法破译的密码”中的那些字母，希望能找到一点儿有用的信息。

艾米莉很想去霍利斯特书店看看，可惜书店已经无限期关门了。自从那场大火后，她就再没见过霍利斯特，也不知道他近况如何。想到这里，戴文那番为了骗保故意放火的无稽之谈又闪现在她脑海里。她知道霍利斯特很担心经营的问题，但他不可能为了钱而毁掉心爱的书店。

还有一件事令艾米莉一直耿耿于怀，查理为什么要撒谎说去给车子交停车费了呢？为什么他不实话实说？起火时，查理到底在做什么呢？他撒谎，是不是因为他就是那个纵火犯？有没有可能查理就是库尔布里斯？她知道查理不喜欢基斯林老师，但那种不喜欢是否深到要做出这么恶毒的事情来？

艾米莉唯一确切知道的就是，眼下除他们之外还没有人知道隐形汉字的事。艾米莉想象着她跟詹姆斯一块儿挖出宝藏的情景。如果真能这样该多好！此前她一直幻想找到宝藏后把金子都给父母，这样他们就能留在旧金山了。但从一周前开始,这个白日梦变了。现在她梦想的是，把找到的宝藏给霍利斯特。詹姆斯和她都觉得，霍利斯特书店应该拥有重新开张的机会。

接下来的周二，又是寻书侦探少年顾问会议。格里斯沃尔德先生显然已经听说了霍利斯特书店大火的事，一见面便担心地问他们：“你们还好吗？”听到这句话，艾米莉的眼泪立刻涌了出来。她努力想把眼泪收回去，不愿在格里斯沃尔德先生面前哭泣。“艾米莉，听说你当时就在火灾现场，我很难过。”格里斯沃尔德先生说着，把一只手搭在了她的肩膀上。

艾米莉眨了眨眼睛，盯着地面：“我为霍利斯特难过。”

“我知道。”格里斯沃尔德先生轻轻拍了拍她。随后大家各自找地方坐下，格里斯沃尔德先生坐在沙发上，克劳斯懒洋洋地瘫在他旁边。艾米莉坐在克劳斯的另一侧，杰克坐在她边上的扶手椅上，马修和詹姆斯分别坐在另外两张椅子上。

安琪儿从摇篮里爬起来，去嗅马修的脚踝。马修拍拍安琪儿的肚子，安琪儿跳起身，然后又蜷缩起来，哼哼着闭上了眼睛。马修微笑着轻抚它卷曲的白色毛发。

“我了解霍利斯特，”格里斯沃尔德先生说，“他会把这看作一个挑战，然后以更强大、更友善热心的姿态从头开始。有些人可能会被失去或困境绊住脚步，但霍利斯特不会。”

格里斯沃尔德先生和霍利斯特相识已逾半个世纪，虽然他们之间的友谊也曾中断过。艾米莉想，格里斯沃尔德先生的话是否意味着这两个老朋友会就此重归于好、弥合裂痕呢？但这个问题太过私人了，她不好多问。

“等着看吧，霍利斯特绝对会重新振作起来的。”格里斯沃尔德先生轻声说，拍了拍克劳斯的脖子，“当年我们面临困境时就是这样，而且霍利斯特是个好人。”

“他也是这么说的。”艾米莉说，“他说你也一定会重新振作起来。”

“是吗？”谈论霍利斯特时，格里斯沃尔德先生显得格外放松，但话题一转到他自己身上，便显得不自在起来。“这个，现在明白我为什么说他是个好人了吧？”格里斯沃尔德先生清清嗓子，然后说道，“我们来谈谈‘寻书侦探’吧，好吗？杰克，愿意把你的想法告诉他们吗？”

杰克点点头，头发也跟着大幅度地摆动。“当然。我的构想是这样的：每个月在网站上推出一个插画谜题，供玩家们破解。你们可以帮着出出主意。”说完，杰克从放在膝头的文件夹中抽出一张纸，展示给艾米莉、詹姆斯和马修看。“这是我们想出的一个范例。我们给它起了个名字，叫‘蛇和刺猬’。谜题的答案是一个书名，猜中的人将获得这本书作为奖励。”

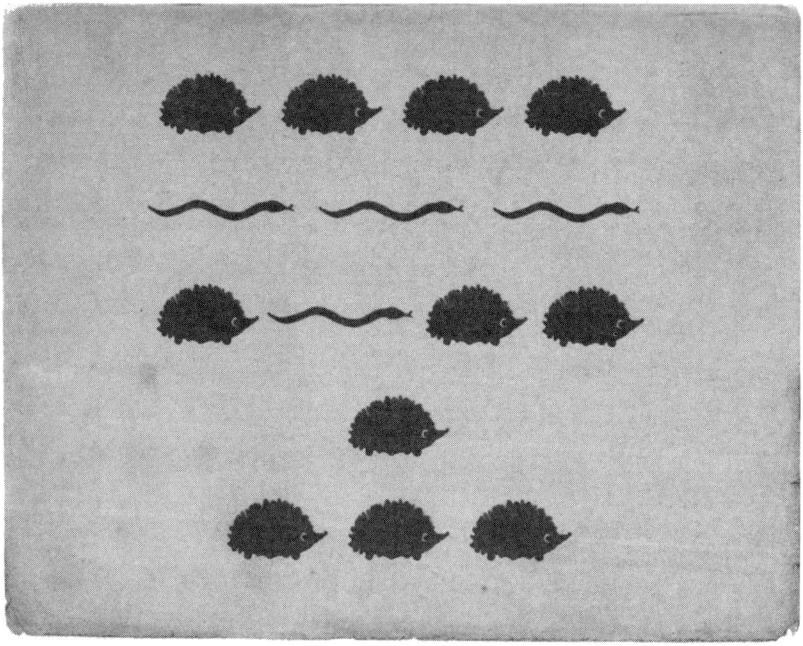

“这些动物是一种密码。你能猜出是哪种吗？”

艾米莉观察了一番，发现蛇和刺猬都是随机组合，看不出任何规律或者意义，但随后她便意识到刺猬可以替换成球形，而蛇可以用横线代替。

“这是一组莫尔斯电码吗？”她问。

“没错！”杰克说，“这个是密码表。”

A ●−
B −●●●
C −●−●
D −●●
E ●
F ●●−●
G −−●
H ●●●●
I ●●
J ●−−−
K −●−
L ●−●●
M −−
N −●
O −−−
P ●−−●
Q −−●−
R ●−●
S ●●●
T −
U ●●−
V ●●●−
W ●−−
X −●●−
Y −●−−
Z −−●●

艾米莉对照着去解读密码："H……O——"

"《洞》！"马修突然大叫一声，把安琪儿吓了一跳，"我喜欢那本书。"

"没错！"杰克说，"我这里还有一个。"说着，他便在文件夹里翻找起来，却怎么也找不到，"肯定是落在打印机上了。我去拿。"

艾米莉很喜欢这个主意，也很高兴他们能参与其中，但看到格里斯沃尔德先生这么勉强地策划活动和游戏，艾米莉不禁又有些难过，以前他是多么乐在其中呀！

"格里斯沃尔德先生，我和詹姆斯跟你讲过学校舞蹈委员会的事吗？"她问。

"是艾米莉拉着我去的。"詹姆斯补充了一句。

"那很好呀。"格里斯沃尔德先生微笑着说道，"你们玩得高兴吗？"

"嗯，是的。"詹姆斯说，"艾米莉想出了一个疯狂的游戏，玩起来应该很有意思。"

“我也是受到您以前那些游戏的启发，”艾米莉说，突然感觉有点害羞，“是总统接力赛加踩气球——听起来是不是很疯狂？真正玩起来说不定会是一场灾难。”

“不要妄自菲薄嘛。”格里斯沃尔德先生说，“照我的经验，那些最疯狂的想法到最后反而最为成功。”

艾米莉想都没想便脱口而出：“您何不来参加我们星期六的舞会呢？”

格里斯沃尔德先生咳嗽起来。“我？”

“是的。”艾米莉看向詹姆斯和马修，寻求他们的支持。

“您也不用一直待在那儿，”詹姆斯说，“我们在舞会一开始就会进行游戏。我敢保证，一定会让您开怀大笑的。”

“您也可以担任游戏的名人评委。”马修补充说。

“哦，这个可说不好。我不算什么名人。”

“对于这些爱看书的书呆子，您绝对是。”马修回答。

艾米莉踢了哥哥一脚，安琪儿也抬起头看着他，似乎对有人三番五次打扰它的睡眠很是恼火。“马修的意思是，‘寻书侦探’的粉丝都很敬爱您。”

“对你们的邀请我感到很荣幸。”格里斯沃尔德先生整理了下毛衣的衣领，“以前我也组织过学校的活动，但那已经是过去的事了。去年发生那件事之后，我只有在家里和这间办公室里才能感到自在。”格里斯沃尔德先生微微耸了耸肩，显得那么无力和绝望。

艾米莉突然意识到，现在的格里斯沃尔德先生跟那个站在霍利斯特书店的楼梯上手足无措的自己别无二致——不知道该前进还是后退。只是满心恐惧地站在原地，害怕做出错误的决定。可是你终究是要做点什么的，就像她当时如果继续站在楼梯上，那场大火将会自动为她做出选择。要么你自己做决定，要么世界替你决定。

“我想起一个很睿智的人跟我说过的话。”艾米莉说。

“什么？”格里斯沃尔德先生好奇地歪着头，拍拍克劳斯的脖子。

“一个人面对困境的表现决定了他是怎样的人。”艾米莉说，“我觉得您应该接受我们的邀请去观看游戏，给您自己一个定义。”

格里斯沃尔德先生胡须上扬，露出了微笑。他对着艾米莉摆了摆手指：“我知道你在打什么算盘了。我考虑考虑，好吗？这样可以吗？”

艾米莉和詹姆斯相视一笑。“可以。”艾米莉说。

34

接下来的几天，艾米莉继续潜心研究“无法破译的密码”，她十分肯定，汉字和英文字母都是解开秘密不可或缺的部分，不然的话，藏宝的淘金者为何要如此煞费苦心呢？这其实是一个相当高明的安排，要想破解信息，就得掌握两种语言，就跟藏宝箱上了两把不同的锁一样，双重保障。

周四晚上，艾米莉突然想到，也许汉字的英文翻译——hope——是谜底的关键词呢，类似于基斯林老师掉落的纸条上那句“remember the Niantic”（别忘了奈安蒂克）。如果真是那样，“无法破译的密码”的密码表就应该是这样：

A	B	C	D	E	F	G	H	I	J	K	L	M
H	O	P	E	A	B	C	D	F	G	I	J	K

N	O	P	Q	R	S	T	U	V	W	X	Y	Z
L	M	N	Q	R	S	T	U	V	W	X	Y	Z

看起来像是完美的解答。艾米莉把密码上的字母排成一排：

R E S A R X M U T A E T P P M A T D I I B H R F

之后对照密码表进行破译，但得到的结果却读不通：

R D S E R X O U T E D T C C O E T H K K F A R I

艾米莉原本信心满满地以为自己接近答案了，可最终却一无所获，她不由得心情低落，感觉自己在这场分秒必争的破译竞赛中已经掉队了。距离他们和林登女士一起找到那两个汉字已经过去整整一周了。林登女士不可能一直帮他们瞒着，不把新的发现公之于众。一旦公布了，说不定很快就会有人破译出来。到时候，她的愿望和期待将全部化为泡影。

周五一早，艾米莉把书塞进书包，正打算下楼跟詹姆斯一块儿步行上学，却听到电脑发出叮叮的提示音——是“寻书侦探”网站的通知。昨晚她用完笔记本电脑后没有关机，随手放在了床上。听到提示音，她赶忙凑过去查看通知的内容。

竟然是有人藏了一本《汤姆·索亚历险记》。

艾米莉犹豫了一下，才按下确认键查看具体内容。“不过是有人又藏了一本书而已，”艾米莉告诉自己，“别这么胆小。”

藏书的不是别人，正是库尔布里斯。他又藏了一本《汤姆·索亚历险记》，这一次藏书地点是科伊特塔。艾米莉想，得赶紧把这个消息告诉詹姆斯。她草草抄下线索，飞快地跑下了楼梯。

艾米莉推开大门，看到詹姆斯已经在台阶上等她了。由于是阴天，还下着毛毛雨，所以詹姆斯穿了一件透明雨衣，正伸手去接从屋檐上滴落的雨滴。

“我们要迟到了吗？”詹姆斯看到艾米莉气喘吁吁地跑来，打趣地问道。

艾米莉深吸一口气，试图让自己平静下来。基斯林老师又收到了新的挑战任务——这是否意味着在他找到书后，又会发生一场火灾？艾米莉撑开伞，一边走一边跟詹姆斯讲了一遍。

“要是上学之前能有时间过去一趟就好了。”艾米莉说。

“至少基斯林老师现在也去不了。”詹姆斯安慰她。

“如果我们一放学就去科伊特塔，赶在其他人前面找到书，那个纵火犯会不会就不放火了呢？”

"也许吧，但即便如此也只是避免今天的火灾而已，想想上次我们拿走了红杉公园的藏书，现在他又藏了一本。"詹姆斯说，"我觉得，我们该跟基斯林老师谈谈，把我们知道的都告诉他。"

詹姆斯说得对。他们的确应该跟基斯林老师谈谈，把知道的信息都告诉他。只是他们拿不出任何具体的证据。他们可以告诉基斯林老师，每次他找到《汤姆·索亚历险记》后，都会有一场火灾发生，可基斯林老师会相信吗？他们也可以告诉基斯林老师，库尔布里斯用他的名字注册了电子邮件，可他说不定早就知道这件事。也许库尔布里斯和基斯林老师早就认识，而他注册邮箱的理由完全站得住脚，跟纵火犯没有任何关系。更不用说当基斯林老师知道他们在窃取他跟其他人的交谈信息时会有多生气了。

"我们需要证据，"艾米莉说，"得先找出库尔布里斯究竟是谁。"

"我们可以……"

"我们今天一放学就去科伊特塔找那本书。如果基斯林老师也去找书，说不定库尔布里斯会露面。"

詹姆斯点了点头："你把线索抄下来了吗？"

"我抄到笔记本上了，到学校后给你看。"

艾米莉和詹姆斯到达学校时，离上课还有一会儿，于是他们便跑到楼梯间，顾不上还在滴水的雨衣雨伞，凑在一起研究起了线索上的密码。艾米莉把笔记本翻到她抄线索的那一页：

D O K E R U B O L
O U O T E S M W L
O T O H H T U C O
T S L E W O L O F

“这下好了，”詹姆斯反讽说，“又是一个字母矩阵，跟‘无法破译的密码’一样。我们运气真是够好的。”

“我觉得我们肯定能破解出来。”艾米莉说。她已经想到这有可能是一个替换式密码，于是便开始统计字母出现的频率，把密码中的每一个字母及其出现的次数都列成表。做到一半时，詹姆斯提醒她说：“你看，密码里没有单词间的空位。”

“或许是因为破解之后，可以一目了然地看出如何断词吧。”艾米莉继续统计着。

“等会儿，能让我看看吗？”詹姆斯拿起笔记本，端详起字母格来，“这让我想起找词游戏——一个稳定的长方形，各个字母间距一致。果然，你看，”詹姆斯用手指在上面圈出三个相邻的字母，“我找到了单词 the。”

“而这个单词的旁边，”艾米莉也用手指圈出了旁边的一栏，“如果从下往上读，就是 l-o-o-k，look。”

“我觉得这应该不是替换式密码。你看，look 左边这一行里还有一个 out，如果按照从下到上再从上到下的顺序连起来看，就是 the look out。这样看来，应该是个字母迷宫。”

“如果我们从最右侧的字母开始呢？”艾米莉问。

两个人异口同声地念了出来：“Follow Columbus to where the lookout stood（跟随哥伦布去瞭望台）。”

这天下午基斯林老师的课上，艾米莉和詹姆斯紧盯基斯林老师的一举一动，想看出他是否已经收到了库尔布里斯的新挑战。只是基斯林老师一切如常，看不出任何端倪。虽然不能直接去问，但艾米莉觉得基斯林老师肯定对库尔布里斯的帖子设置了通知提醒，不然之前怎么能迅速找到书？她只是希望这一次也遵循同样的模式。

艾米莉和詹姆斯约好放学后在门锁被口香糖粘住的那个侧门见面，因为那个出口离公交车的上车点最近。艾米莉跃跃欲试，她觉得詹姆斯肯定也是一样的心情。不过当她看到詹姆斯带着灿烂的笑容跑来，连史蒂夫都仿佛在风中快乐地起舞时，还是忍不住有些惊讶。

“你猜我发现了什么？”詹姆斯隔着老远就开始喊。

一位年轻老师从教室门口探出脑袋：“是谁跟只疯猴子一样在这儿大喊大叫？慢点儿，慢一点儿！”

詹姆斯放慢速度，改为快步走。走到艾米莉身旁时，他才回头冲着那个喊话老师所在的方向，说：“那有人跟只疯公鸡一样大喊就没问题吗？”

“你为什么要像只疯猴子一样大叫？”艾米莉问。

詹姆斯脸上洋溢着笑容，让人不禁猜测是不是有人送了他一台新电脑。“我想出来了。”他说。

“想出什么了？”“寻书侦探”上的线索是他们俩一块儿琢磨出来的，所以艾米莉知道詹姆斯说的肯定不是那个。

“无法破译的密码。”

35

“少来了。”艾米莉说。

“真的！”

“少——来——了。”

“我是认真的！你想看看吗？”

“别忘了第六节课，也就是基斯林老师的课，我们可是一块儿上的，”艾米莉说，“那个时候你应该还没解出来吧？”

“没。”詹姆斯收起了笑容，“我们在健康课上看了一部电影。”

“那么多人花了一百六十年都没能解开密码，你只用了一节健康课就琢磨出来了？”

詹姆斯耸了耸肩：“电影太无聊了嘛。”

“你……到底……我……”

艾米莉有些张口结舌，她一直梦想着能解开一个长久以来人们公认无法破解的谜题。当然，在她的白日梦中，抽丝剥茧找到最终答案的主角自然是她自己。坦诚地说，在她展现给詹姆斯的笑容背后，还是隐藏着一点点失落的——可能就一颗爆米花那么大的失落吧。艾米莉很想说，为什么你不等等我？不过她也想到，自己其实已经一个人思考了很久很久，在笔记本上尝试了各种排列组合。她也明白，假如突发灵感的是她，她同样也无法临时停下来，等詹姆斯赶上来。他们为此一起努力了很久，艾米莉提醒自己，詹姆斯只是独立完成了最后的临门一脚而已。

詹姆斯是她最好的朋友，艾米莉把自己的那点小失落扔进了心里的垃圾箱。"所以答案究竟是什么？你是怎么解开的？快告诉我。"

詹姆斯从书包里掏出卷成一团的雨衣，抖散开来。"我们可不能错过去科伊特塔的公交车，路上我再告诉你。"

公交车蜿蜒着绕过满是常春藤的电报山，载着他们一路向上来到倾斜的山顶，科伊特塔在风雨欲来的天空下看上去变成了亮白色。艾米莉捧着笔记本，看詹姆斯向她重现他解开密码的过程。

"健康课上，我回想起我们一开始尝试按关键词密码的思路进行破译时，以为那些字母是从左到右、从上到下的顺序排列的，就跟我们平时阅读的习惯一样。但今天早上的线索，却是从按照从右到左、上下循环的方式排列的。这让我想到了汉字的排版方式——汉字以前是竖排的，从右往左读——如果说这幅地图是一个中国人在 1850 年绘制的，那他有可能就是按照自己最习惯的一种方式来排放字母的。按照竖排从右到左的顺序把表格里面的字母写下来的话，就会得到这个。”

说着，詹姆斯在艾米莉的笔记本上写下：

X T D F R E T R A A A H S T M B E V P I R M P I

然后，詹姆斯翻到艾米莉用 hope 作为关键词做成的密码表：

A	B	C	D	E	F	G	H	I	J	k	L	M
H	O	P	E	A	B	C	D	F	G	I	J	k

N	O	P	Q	R	S	T	U	V	W	X	Y	Z
L	M	N	Q	R	S	T	U	V	W	X	Y	Z

“如果你把这个词当作关键词，并按照我刚才发现的顺序来译写信息，就会得到下面这段文字。”

X T H I R D T R E E E A S T O F D U C K R O C K.

艾米莉大声读了出来：“X third tree east of duck rock.（X 在鸭形岩东边第三棵树。）”

詹姆斯点点头：“我们之前其实找对了方向，只是顺序错了而已。”

“所以这就是宝藏的方位，”艾米莉说，“X 代表宝藏，我们得找到鸭形岩东边的第三棵树，虽然我们现在还不知道这个鸭形岩是什么意思。”艾米莉向后瘫坐在椅子上，“简直不敢相信。”

詹姆斯确实做到了——他破译了这个“无法破译的密码”。而且，如果他们能弄明白这条信息的意思，说不定还能找到宝藏。

公交车慢慢减速，在科伊特塔站停下。艾米莉走到公交车门口，先撑开伞才小心下车。詹姆斯则套上了雨衣，直接往下面一跳，结果跳在了一个泥坑里，溅起一片泥花。

科伊特塔前面是一个停车场，需要爬几段台阶才能走到塔下，塔周围种着很多柏树。停车场的正中有一个圆形的花坛，里面是一个戴着帽子的男人的大型雕像。

艾米莉用力摇摇头，不再去想那鸭子形状的石头和海鸥岛，把注意力集中到眼前的事情上——这可能是他们揭开库尔布里斯身份的唯一机会。

停车场上只稀疏地停着几辆车，由于下雨的缘故，周围也没有其他人像他们这样傻站着。另外两个从公交车上和他们一起下来的人此时已经穿过了停车场，登上台阶，径直走向科伊特塔的入口。

“你觉得基斯林老师来了吗？”艾米莉问。雨声很大，艾米莉需要扯着嗓子喊才能让詹姆斯听到。

詹姆斯耸耸肩。“我不相信他能赶在我们前面离开学校。”

“趁着他还没露面，我们先来找找书吧，这样也就知道应该提前躲在哪儿。库尔布里斯的线索说的是‘跟随哥伦布去瞭望台’。你觉得哥伦布在塔里吗？”

“我觉得他就在这儿。”詹姆斯缩着头指了指。

果然，那个巨型雕像正是克里斯托弗·哥伦布。

“好，那就简单了。那我们要怎么跟随他呢？站到他身后？”

花坛周围是一条环形的人行道，也把雕像围在了中间。两个人沿着环形人行道走了一圈，但并没有什么发现，只好在雕像身后停下。

“也许跟随的意思是跟随他的目光。”詹姆斯说。

于是，两人穿过湿漉漉的停车场来到山顶边缘的人行道上，栅栏外面便是陡峭山坡。人行道上每隔几米，就有一个停车计时器，但看起来形状很奇怪，不过艾米莉随后便意识到那其实是观景用的望远镜。在天气晴朗的日子，通过这些望远镜可以俯瞰整座城市的壮丽风景和远处的海滨风光。但在今天这样的天气里，灰蒙蒙的雨幕遮挡住了一切，除了屋顶、树和山下的草丛，根本看不清别的什么东西。就在他们站立的地方，人行道和栅栏之间有一块纪念石板。艾米莉弯下腰去，看到上面写着：“这里在淘金热时期曾经是一个瞭望台，用来为往来的船只发送信号。”

“线索上提到了瞭望台。詹姆斯，肯定就是这儿。”艾米莉说。

说完，两个人开始在附近搜索，寻找那个绿色的袋子。

“在那儿。”詹姆斯发现了一个掩映在草丛中的袋子。

艾米莉环视四周，附近仍然只有他们两个人。“好了，我们不需要拿走它。我们得找一个视野好的地方藏起来，确保能看到这个袋子周围的情况，看看是否会有人拿走它。”

周围除了他们再没有别人，他们无法用人群当作掩护。而停车场又是一片毫无遮挡的开阔地带。唯一的选择就是回到科伊特塔下面，躲在底座的一长段楼梯旁的公共洗手间里。公共洗手间是一栋小小的独立建筑，外观是极具现代风格的深绿色，里面是带推拉门的椭圆状隔间。

詹姆斯抹了把淌到脸上的雨水，却把周围弄得更湿，因为他的塑料雨衣已经湿透了。“我们去公共洗手间那儿。”

两个人沉默地站在公共洗手间后面，大树帮他们挡住了雨水的拍打。艾米莉收起伞，抱着手瑟缩着，尽量让自己暖和一点，没想到旧金山竟然也有这么冷的天气。

时间一分一秒地过去，艾米莉不禁开始怀疑这一切是否都只是徒劳，也许根本不会有人来。而他们本可以在干净温暖的公寓里研究最新破译出来的方位指示，计划如何找到那失落已久的宝藏。

就在这时，詹姆斯用手肘推了推艾米莉，示意她注意离他们最近的那段台阶。只见基斯林老师那格外惹眼的荧光绿雨衣正一路向山顶走来。他低头看着脚下的台阶，雨水顺着雨衣帽檐淌到脸上，从鼻子两侧流下来。

艾米莉和詹姆斯赶紧往后退了退。基斯林老师一走到山顶便毫不犹豫地转身朝那块纪念石板走去，压根儿没有往艾米莉和詹姆斯所在的方向看，这让他们俩松了一口气。显然，基斯林老师在来这儿之前就已经破解了线索，清楚地知道自己要去哪里找。只见基斯林老师站在纪念石板前，开始四下寻找。

“他发现了。”詹姆斯说。

基斯林老师拿出那个袋子，然后转身穿过停车场，朝他们所在的方向走过来。艾米莉和詹姆斯赶紧都躲到洗手间后面，只敢隔一两分钟偷看一下，目送基斯林老师的背影朝着科伊特塔的入口走去。

“我敢打赌，他肯定是想找一个没有雨的地方，赶紧把密码破译出来。”艾米莉说。

“塔里面空间十分狭小，我们要是跟进去肯定会被发现。”詹姆斯叹道，“如果他是为了库尔布里斯来的，那等他解开密码后肯定还会把袋子放到原处，就跟上次在红杉公园一样。那是他们寻找挑战的默认规则之一。我们就在这儿等着他回来吧。”

艾米莉很想找一个没雨的地方，但她知道詹姆斯的建议是对的，只好咬牙继续等待。十分钟后——或许都不到十分钟，但艾米莉却觉得仿佛过了一个小时——基斯林老师再次从台阶上下来，穿过停车场把那个袋子放回原处。艾米莉不禁好奇库尔布里斯这一次到底传递了什么信息。由于下着雨，又隔了那么远的距离，艾米莉无法看清基斯林老师脸上的表情，只看见他又沿原路下了山。

接下来还得继续等待。库尔布里斯会来吗？这一切是否都是徒劳？

“电报山四面八方都是这样的台阶，”詹姆斯说，“所以库尔布里斯可能从任何一个方向过来，如果他真的来了的话。”

两人继续沉默地等待，雨滴在他们周围有节奏地滴答着。艾米莉几乎快要放弃时，只见一个身披黑色连帽风衣的身影沿着基斯林老师刚才离开的那段台阶登上山顶。

“詹姆斯。”艾米莉轻声提醒。

“我看见了。”

跟基斯林老师一样，那个男人径直走向纪念石板，但不同的是他没有像基斯林老师那样在石板前四下观察，而是直奔藏书的地方而去。

“是库尔布里斯！”艾米莉说。

36

“你能看清他的脸吗？”艾米莉问。

詹姆斯摇了摇头。“他戴着帽子，雨又这么大，很难看清。”

“至少我们不用担心今天会发生火灾了，”艾米莉说，“有雨的话，火烧不起来。”

只见那个男人在藏书的地方弯下腰，接着把手伸进口袋，从里面掏出了一个黑色的圆柱形物体。

“他在做什么？”艾米莉问，“那是什么东西？”

但随后她就看到那个圆柱形物体被撑开了，原来是一把雨伞。“哦。”艾米莉恍然大悟。

“库尔布里斯，现在撑伞可有点儿晚了，”詹姆斯小声嘟囔道，“你都已经湿透了。”

男人把伞夹在臂弯，低着头似乎在忙活着什么。是在系鞋带吗？没多久男人又站起身朝来时的台阶走去，一边走一边收伞。艾米莉眯起眼睛，试图看清对方的身材或者捕捉到某些不同寻常的细节，然而那人很快就走远了，风衣的帽子和大雨完美地隐去了他的面容。

“我们得跟上去，”艾米莉说，“得看清他是谁。”

说完，艾米莉便和詹姆斯穿过停车场，沿着库尔布里斯刚刚离开的台阶追了上去，但没下几步台阶便听到身后传来响亮的爆裂声。两人转过身看去，只见绿色袋子所在的地方升腾起一阵白色的烟雾。

“有东西爆炸了！”詹姆斯说。

草丛中突然闪出明亮的火焰。

“在雨中？这怎么可能？”艾米莉问。

“也许水也是可燃的吧。”詹姆斯轻声说。

艾米莉盯着那丛小火焰。显然在这场水与火的交锋中，雨水还是占据了上风。库尔布里斯又放了一次火，显然他压根不在意自己对霍利斯特和他的书店做过的事情。艾米莉的嘴唇抿成一条线，暗下决心一定要把他揪出来。

“快跟上，别让他走远了。”说完，艾米莉继续追了上去。

之字形的台阶一路向山下延伸。本就乌云密布的天空在大树的掩映下显得更加阴沉。这些阔叶植物张开巨大的树冠，围出一个丛林般的世界，与城市风景截然不同。像艾米莉手掌那么大的黄色花朵从树上垂下来，台阶两侧不时出现狭窄的小径，通向坐落在陡峭山坡上的私人住宅。

艾米莉看到库尔布里斯的黑色帽子正飞快地往山下移动。他没有跑——他想必还不知道他们追了上来，尽管在艾米莉听起来，他们湿重的脚步声简直就像在大声叫喊。每隔一会儿，就会有积雨从树冠上猛然倾泻下来，像有人突然打开了水龙头。

雨点拍打着头顶的枝叶，像是在轻声说“快一点儿，快一点儿”，一路催着他们从混凝土台阶走到泥泞的土路上，又走上砖石台阶。艾米莉尽量不让库尔布里斯脱离她的视线，但他们自己也不得不小心脚下，毕竟台阶又窄又滑。

库尔布里斯此时已经走到了山脚的公路上，公路对面是通向别的山头的台阶。那个人在马路边停住，左右查看车流，等待穿过马路。艾米莉和詹姆斯马上就要追上他了，只要再下几步台阶，艾米莉就能看清他的脸了。

但就在这时，艾米莉突然脚下一滑，她连忙抓住栏杆，却还是没能阻止自己摔倒。她下意识地尖叫了一声，屁股重重地砸在地上，只感觉脊椎骨像是被雷劈到了一样。

“他肯定听到我的叫声了。”詹姆斯扶她起来的时候，艾米莉懊恼地说。这时库尔布里斯已经开始跑着穿过马路了。

“我们还追得上。”

两人也加快脚步穿过马路，沿着马路对面的台阶一路下山。艾米莉时刻留心脚下的路，同时一只手扶着栏杆，以免再次摔倒。

库尔布里斯已经走下了台阶，正要横穿下一条马路时，一辆车急速驶来，按响了喇叭，惊得他连忙退后，等车过去。但等到艾米莉和詹姆斯也追到马路边上的时候，库尔布里斯已化作大雨中的一个黑影，消失在街对面的一栋建筑物后面。

两个人一路踏过坑坑洼洼，腿上被溅得都是水。他们又走下一段台阶，却发现面前是一条分岔路。一边通向水泥台阶，一边连接着一条脏兮兮的土路，看起来像是横穿花园的人们踩出来的小路。两条路都是弯弯曲曲的，没办法看到前面有什么——也就是说，他们没办法判断库尔布里斯往哪边去了。

“脚印。”詹姆斯指着土路一侧的泥巴气喘吁吁地说道。看来他们得朝那边走了。

他们沿着小路没走多远便转了一个弯，出现在他们眼前的是一小块空地。空地上除了一张长椅和一个已经快要被灌木丛湮没、被涂鸦得面目全非的停车计费表，什么都没有。而且这是一条死胡同，却不见库尔布里斯的踪影。看来他们选错了方向。

詹姆斯气得踢了身旁的树一脚。结果树上突然飘落下几片彩色羽毛，好像有只鹦鹉受惊飞走了。五彩斑斓的颜色映衬着阴沉沉的天空，显得格外刺眼。

37

电报山山脚处的一座转角市场里，菲尼克斯正躲在遮雨篷下喘着粗气，后背用力靠着身后的砖墙。雨点敲击着街道，他低头看了看脚上被浸湿的鞋子。

被两个孩子追着跑，让他想起了小时候在泥泞的玉米地里追逐奔跑的情景。“火疯子”这几个字从过去的记忆中浮现出来，缠住了此时的他。尽管下着瓢泼大雨，但他十分确信自己闻到了热麦秆和泥土的味道。菲尼克斯用力闭上眼睛，试着把这些画面赶出脑海。人们总是忽视他，看不起他，甚至觉得他无能——每想起这些，他都仿佛要窒息。他闭上眼睛，用尽力气重新控制已然混乱的呼吸，想象每一次吸气都像是自行车打气一般，让他重新充盈饱满起来。

菲尼克斯的呼吸终于平复了下来。他要矫正过去的错误，他一定会坚持到底。他可不能让两个孩子打乱他的计划，让事情偏离预定的轨道。明天他就会结束这一切。

菲尼克斯再次踏入雨中，伸手拦了一辆出租车。

38

艾米莉和詹姆斯坐在回家的公交车上，浑身湿透，一路无言。艾米莉在记忆中搜索着，试图找到可以帮她认出库尔布里斯身份的细节。但那个人看起来既不特别高也不特别矮，不胖也不瘦——压根儿就没什么特点。

“肯定是查理，”艾米莉说，“那个人看起来跟他体形差不多。而且你不知道霍利斯特书店火灾发生之前，查理谈起基斯林老师时是怎样一副表情。他讨厌基斯林老师。”

詹姆斯调整了下坐姿，身上的塑料雨衣也跟着皱了起来。“可查理不喜欢的东西似乎很多。而且跟他差不多身材且有那样的黑色风衣的人又不止查理一个。谁都有可能是我们在科伊特塔看到的那个人。”

“可是，别忘了查理在霍利斯特书店火灾这件事上撒了谎。如果不是为了隐藏什么，何必要撒谎呢？”

“查理确实有些鬼鬼祟祟，这一点毫无疑问，但你不能因为一个人行为不好或者撒谎，就直接认定他是纵火犯吧。我们应该把我们知道的都告诉基斯林老师，让他自己来处理。他们俩明天都会出席舞会。到时候我们可以跟基斯林老师谈谈。”

“好吧。”艾米莉表示同意。她知道这么做是对的，尽管想到要向老师坦白，心里还是有些忐忑。“明晚我们就找基斯林老师，把这些事都告诉他。”艾米莉宣告似的说，又仿佛在给自己打气。

“嗯。”詹姆斯附和道。

“我们就说在‘寻书侦探’网站上偶然看到了他的寻找挑战……不过暗中跟踪他的事还是不要说了。”

詹姆斯赞同地点点头。

“还有，我们可以说发现他找到了很多本《汤姆·索亚历险记》……”

“没错……”詹姆斯说。

“我想我们假冒库尔布里斯，藏书引诱他的这部分也要略掉。”

“还有给他的前女友发邮件的事。”詹姆斯补充说。

艾米莉叹息一声。每件事在当时看起来似乎都无伤大雅，可如今却如滚雪球一般不可收拾，她已经不知道该如何来解释这一切了。

“重要的是我们得想办法告诉他，那个库尔布里斯并不是他以为的那个人。”艾米莉说。

这并不容易，但查理——或者其他任何该为霍利斯特书店的火灾负责的人——必须受到惩罚。

回到家，艾米莉换上了干净的衣服，抱着手提电脑爬到了床上。她打开浏览器，在搜索栏输入“火”“科伊特塔”几个词。搜索结果却只有科伊特塔的历史，以及科伊特塔与一位名叫莉莉·希区柯克·科伊特的女人之间的渊源，这位富豪的遗孀给了旧金山消防队慷慨的捐助。

没有火灾的报道。艾米莉长舒一口气。肯定是大雨浇灭了库尔布里斯的火，所以才不至于酿成新闻事件。一时间，艾米莉脑海中蹦出无数个问题。库尔布里斯是谁？他为什么要放火？他为什么要千方百计地让基斯林老师跟他放火的地点扯上关联？基斯林老师对库尔布里斯到底了解多少？

艾米莉又登上“寻书侦探”网站，搜索库尔布里斯和巴贝奇的那个寻找挑战的帖子，想看他们最近一次寻书的交流，可当她登录论坛之后，却发现那个帖子不见了。艾米莉在搜索栏输入巴贝奇和库尔布里斯，结果什么也没搜索出来。她只好又回到目录页，一条条浏览“寻书侦探”玩家们发布的寻找挑战，却怎么也找不到库尔布里斯那个“回首旧时光”的帖子。

内容被人删除了。

可只有管理员或寻找挑战的发起人可以删除帖子。

艾米莉很清楚自己跟詹姆斯没有删除过，而杰克或格里斯沃尔德先生应该也不会特意去删除某个帖子。

肯定是库尔布里斯自己删除的。这意味着什么？没有了库尔布里斯和巴贝奇之间的交流记录，就没有任何证据可以表明基斯林老师曾经参与过这个寻找挑战。留下的只有两位用户藏书和找书的记录，而这两个账户又都是用基斯林老师的名字注册的。难道是他们对库尔布里斯的追查引起了他的警觉，让他决定停止寻书行动和纵火计划？或者他是故意抽身，好把所有责任都推到基斯林老师头上。自责和愧疚让艾米莉心里一阵抽搐。詹姆斯说得没错——他们早就该把这一切告诉老师了。

艾米莉的“寻书侦探”笔记本也摊开放在床上。她翻阅笔记本，在詹姆斯破译“无法破译的密码”的那一页停下。她一直以为基斯林老师是为了解开这个密码才如此执着于那个寻找挑战，可现在她不敢肯定了。

“X 在鸭形岩东边第三棵树。”艾米莉大声念了一遍破译出的信息。

她想象不出这句话会如何引导寻宝者找到宝藏，不过要是她和詹姆斯此刻站在海鸥岛上的话，或许能找到更多线索。可登上海鸥岛并没有那么容易，得有船才行。

想到这儿，艾米莉突然想起来，他们的一个朋友确实有船。

艾米莉在背包里翻找一通，找出了林登女士的名片，立刻奔到电话旁边拨号。电话接通的是语音信箱，在听到林登女士说请留言的信息后，艾米莉说："嘿，我是艾米莉，嗯，艾米莉·克兰。我和我的朋友詹姆斯对'无法破译的密码'很感兴趣，我们……"艾米莉顿了顿，"我们，呃，有几个跟船有关的问题想请教您，不知您是否方便。"犹豫过后，她还是觉得，像破译"无法破译的密码"这种历史性的突破，还是当面说为好。

挂上电话，艾米莉也不知道自己这样贸然和那位图书管理员联系是对还是错。

周六，艾米莉一整个下午都在忙着准备学校舞会——如果说"准备工作"指的是在房间里踱步，冥思苦想该如何跟基斯林老师坦白的话。同时，她策划的总统接力赛也让她倍感焦虑，要是现场效果真的很糟糕，她肯定会沦为全学校的笑柄。

马修的房间传来 Flush 乐队的歌声，艾米莉来来回回的每一步好像都踩在鼓点上。突然，艾米莉仿佛下定决心似的，转身走出房间，敲响了马修的房门。什么场面都难不住马修，或许他能教她怎么跟基斯林老师开口。

艾米莉敲了两次门都没人应，便自己推门走了进去。马修正躺在床上，闭着眼睛，双手枕在脑后。显然他没听到艾米莉进屋的动静。艾米莉轻轻挠了挠马修的鼻尖，看到马修抖了两下，胡乱对着脸的上方挥舞双手，她忍不住要笑出声。见马修还没睁开眼，艾米莉故技重施，又挠了挠他的鼻子，这一次马修的手打到了艾米莉。马修睁开眼睛，看到艾米莉正俯身在他上方，不由得尖叫出声。艾米莉大笑起来，这笑声也让她的心情好了许多，内心的焦虑也得以缓解。

马修可不觉得好笑。他抓起枕头，朝艾米莉砸过来。

“你不知道敲门吗？”马修咆哮着甩着枕头。

艾米莉伸手防御着马修的攻击。“我敲了！还敲了两次。”说完她大笑起来，“我实在忍不住想笑。对不起！”

打闹了一会儿后，马修抱着枕头扑倒在床上，用遥控器调低音乐的音量。“你不是在为舞会做准备吗？”马修问。

“我等会儿跟詹姆斯一起走。但我现在有点儿事想请教你。”艾米莉在马修的床边坐下，顺手拽了拽皱巴巴的床单，“你向来都很会说话，不管对着谁都能说出恰当的话。你是怎么做到的？”

“哎哟，你要跟谁谈？”

“没有谁，”艾米莉条件反射式地否认，“我是说，是要……可是……”艾米莉叹息一声，“我一直在拖延，因为我知道场面肯定会很尴尬。”

“可是拖下去能让尴尬减轻吗？”马修问。

“不会，反而会更糟。”

“所以你就得这么想：今天说也许会尴尬，但如果拖到明天肯定会更尴尬。”

“可是你总是知道该怎么说，不像我。”

马修调整了一下枕头。“我也不是打好草稿才说的，都是想到什么就说什么。我不也经常说出一些蠢话吗？这一点你比谁都清楚。其实你只要直接找到对方，把需要说的话说出来就可以了，一个劲儿地担心该怎么说，不过是拖延症的另一种表现而已。”

这时又有人敲门，原来是詹姆斯来了——虽然门开着，可他还是礼貌地敲了敲门。“嘿，”詹姆斯跟他们打招呼，他穿着一件游戏联盟主题的吃豆人连帽衫，“克兰夫人说你在这儿。我们可以出发了吗？”

“可以，等我去拿一下服装。”艾米莉用彩色纸板给自己做了一套字母马甲。

艾米莉和詹姆斯走出房间，马修则继续听起了音乐。

照马修的意思，似乎一切都很简单，似乎只需要张嘴去说就行了，那些恰如其分的话会自动从她嘴巴里蹦出来——或者其他任何有关的话语。可艾米莉现在甚至不知道该从哪里说起，好在起码詹姆斯会陪着她。

艾米莉的手提电脑没有关，仍然放在床上。艾米莉回到房间，正拿着她的字母马甲向詹姆斯展示，这时电脑响起消息提示声。

“你选择字母 X，是因为它是藏宝地的标记吗？”詹姆斯问。

“没错，而且值八分。”艾米莉咧嘴一笑，弯腰去浏览通知。

“詹姆斯！”艾米莉把电脑拉近一些，以确定自己没看错，“又有一本《汤姆·索亚历险记》被人藏起来了？”

“又有一本？谁藏的？”

艾米莉突然有一种不祥的预感，她用力吞了一口口水，然后才点开通知查看详细信息。

“库尔布里斯？”詹姆斯问。

艾米莉神色严肃地点了点头。“不止如此。”说着，她把电脑屏幕转向詹姆斯那边，好让他也看到，“那本书就藏在咱们学校。”

39

艾米莉和詹姆斯急匆匆地赶往学校，下山的时候差点儿又摔一跤。经过前一天的阴雨，整座城市仿都被洗刷一新，天空湛蓝，阳光灿烂，美好到让人不敢相信，仿佛正穿行在电影场景中一般。

一想到他们可能邀请了一个纵火犯参加舞会，艾米莉就不由得一阵反胃。

“你不要急于下定论，”詹姆斯看出了艾米莉的心思，“现在还无法确定查理到底是不是库尔布里斯。”

“可万一我猜得没错呢？”

“万一你猜错了呢？听着，”快速奔跑下，詹姆斯已经有点儿气喘吁吁，“火灾总是在书被找到之后发生，对吧？基斯林老师在舞会期间并没有时间去找书。等会儿我们一看到他就立刻把一切告诉他。”

艾米莉点点头，但内心的焦灼并没有因为詹姆斯的话而减轻几分，反而在踏入作为舞会会场的体育馆时变得更紧张了。体育馆里面正一派热火朝天的景象，大家都在忙着布置舞会。斯隆先生和蒙托亚校长正站在一个小舞台上悬挂条幅，上面写着“总统日快乐”，字的旁边还画了很多小小的心形图案。艾米莉和詹姆斯几天前剪的心形纸板已经挂到了天花板上。双胞胎头上套着彩色的纸箱，打扮成了经典游戏《我的世界》中角色的样子，正忙着准备总统游戏的赛道——在地上布置呼啦圈。薇薇安对着双胞胎挥舞着硬纸板，好像在催促他们赶紧干正事。她穿着一条松松垮垮的旧式礼服裙，戴着一顶宽檐软帽，不时往下拽一拽帽檐。

詹姆斯看着薇薇安从旁边跑过，不时地被长裙绊个趔趄，便说：“她是打算扮演玛莎·华盛顿吗？或者埃莉诺·罗斯福？”

艾米莉看到了查理——此时他正在舞台上布置他的DJ设备，他解开捆扎纸箱的绳子，把音响、造雾机、彩灯一个接一个搬出来。艾米莉推推詹姆斯，詹姆斯点点头，表示他也看到了。一位老师正把一面红白蓝三色的旗子钉在音乐台上，作为装饰。艾米莉盯着查理的一举一动，试图发现什么异常，但查理似乎对周遭的一切都漠不关心，专心鼓捣着他的DJ设备。

“你看到基斯林老师了吗？”詹姆斯问。

马迪正颤颤巍巍地踩在一架梯子上，接过妮莎递来的红白蓝三色的横幅饰带，然后挂到临时搭建的看台墙上。

马迪今天似乎穿了一件红色的派对礼服裙，而不是戏服，至于妮莎打扮成了谁的样子，艾米莉也看不出来。妮莎穿了一件带黑色垫肩装饰的上衣，配着亮粉色的胸衣和粉色的靴子，黑色的头发向后扎成马尾辫。两位监护老师提着两大袋冰块和罐装苏打水从旁边经过。

“还没看到。”艾米莉说。

查理解开一个音响的电线，低头把它连接在机器上。接好后他站起身来，看向会场，目光正好与艾米莉撞上。艾米莉迟疑着抬手打招呼，她不想引起查理的怀疑，可是又不想对一个可能是纵火犯的人表现得太过亲密。作为回应，查理冲她点了点头。

薇薇安两手各提着一个垃圾袋走到他们身旁。她手上还戴上了红白蓝三色的橡皮筋，以呼应舞会的爱国主题。“我需要你们帮忙把这些美式高礼帽分发给老师们和DJ。”薇薇安把两个大袋子塞进他们手中，便扭头走了。

“你有没有看到基斯林老师？”艾米莉在她身后喊，但薇薇安已经走远了，没有听见。

“别担心，”詹姆斯安慰她说，“他会来的。假如真如你猜测的那样，纵火犯是查理，我们反而不用太担心，这么多人盯着，他也干不了什么。”

艾米莉点点头，但那种想要尽快告知基斯林老师一切的感觉还是挥之不去。

两人以舞台为界分头把手上的帽子分发给大家。艾米莉有点儿魂不守舍，她看着詹姆斯走到舞台上，递给了查理一顶帽子。

“其实，你不需要这么担心的。”旁边有人对她说。

原来是马迪，她抱着手臂站在旁边，跟艾米莉一样望着舞台的方向。

艾米莉看看马迪，又看看舞台，然后又看看马迪。难道她也知道放火的事了？难道马迪知道些什么她不知道的事情？比如说那个纵火犯已经被抓到了？

“担心什么？”艾米莉试探地问道。

“我不喜欢他了。”

这下艾米莉真的迷惑了。马迪不喜欢那个纵火犯？查理？

“喜欢谁？”

马迪转了转眼睛：“对哦，你不知道。”

艾米莉回过头继续盯住查理，同时脑海里回想马迪究竟是什么时候见过查理，却只听马迪叹息一声，说：“是詹姆斯，如果你非让我说出来的话。”

“你喜欢詹姆斯？”艾米莉问。马迪用那种“怎么连1+1=2这种问题你都不知道”的眼神望着艾米莉，但艾米莉是真的不知道。她也不知道是什么促使马迪在现在这种场合跟她坦白，这真的让她猝不及防。她从来没关注过这些，这种青春心事于她而言仿佛是另外一个世界。

“是喜欢过，”马迪说，“不过那都已经过去了。现在他完完全全属于你。”

“属于我？”艾米莉尴尬到嗓音都变得不自然了。

“你这是干什么，学鹦鹉吗？”

“对不起，我只是——我不喜欢詹姆斯。我是说，当然，我喜欢他。他是我最好的朋友。但这种喜欢不是那种喜欢。”

马迪皱眉看着她：“你不喜欢？”

艾米莉摇摇头。

“从来没喜欢过？”

“没有。”艾米莉说。说实话，她感觉自己长这么大恐怕还没喜欢过任何人。

“哦。”马迪看上去有些失望，“好吧，但我还是不喜欢他了。”

“好吧。”艾米莉换了只手拎着袋子，不知道该对这突如其来的坦白做何反应，“很不错。”

马迪便转身走到登记台前，去帮忙签到了。艾米莉继续派发帽子，一边走一边四下张望，想找到基斯林老师的踪迹，同时仍然放心不下查理的动向，不时看看舞台，怕他突然从教室里离开。这时查理正操作某件设备，一首欢快的歌逐渐响起，会场里的人也越来越多。查理没有戴詹姆斯给他的那顶礼帽，而是把它套在了音响上。

同学们开始进场。大家打扮得五花八门，艾米莉认得其中的几个动漫形象——马里奥和他的

兄弟路易吉、刺猬索尼克，还有杰尼龟。这时薇薇安匆匆走到她面前。“造雾机和彩灯什么时候打开？是等游戏结束，舞会开始的时候再用吗？ DJ 知道这些吗？他不会这会儿就打开吧？”没等艾米莉回答，薇薇安又自顾自说了起来，“我去跟他讲。”然后便朝舞台走去。

终于，艾米莉看到基斯林老师从侧门进来了，那是离舞台最近的一道门。艾米莉回头寻找詹姆斯，想叫上他一起去找基斯林老师，却被双胞胎摆在旁边用作障碍赛道具的一张椅子绊了一下。他们摆了几排椅子，隔出了三条赛道。凯文和戴文正忙着在椅子与椅子之间张贴纸带，使其结成一张障碍网。

詹姆斯这会儿正忙着吹气球，为踩气球游戏做准备。艾米莉正要过去找他，却看到一个高大熟悉的身影出现在门口，让她转瞬间把跟基斯林老师的谈话抛在了脑后。

“詹姆斯！”艾米莉大叫一声，看到詹姆斯转头望向她，便指了指正站在门口的格里斯沃尔德先生。他今天的打扮很低调，普普通通的羊毛衫配牛仔裤，戴了一顶巨人队的棒球帽。詹姆斯和艾米莉喜出望外，赶忙朝格里斯沃尔德先生跑去。

“您来了！”艾米莉大喊。

“穿成这样你们都能认出我？”格里斯沃尔德先生把棒球帽压得更低了一些，“我已经尽量低调了。”

“哦……”艾米莉和詹姆斯互相交换了一个眼神，连忙说，“确实不太引人注意。”这也是事实，大部分同学的注意力都放在彼此身上，并没有留意进来的成年人。不过艾米莉看到有几个老师在往这边看，包括基斯林老师，他在过来之前似乎还再三确认了一下。

“打扰一下，”基斯林老师说，“你是……”

“这是我舅舅，”艾米莉跳出来说，她知道格里斯沃尔德先生不愿意被人认出来，“我的舅姥爷……”艾米莉看了一眼詹姆斯的头发，想到一个名字，“史蒂夫。我们邀请他过来看看我们的游戏。”

基斯林老师眉毛上扬：“你的舅姥爷史蒂夫先生看起来特别像加里森·格里斯沃尔德先生。”

格里斯沃尔德先生向前一步。“被你发现了，是的，向你道歉。艾米莉只是想帮我，因为她知道我不想在公众面前露面。不过她说得对——我确实是想来看看他们的游戏。我知道他们为此付出了很多努力。”

基斯林老师握住格里斯沃尔德先生伸过来的手。“唔，史蒂夫，你能来是我们的荣幸。”基斯林老师向来不苟言笑，艾米莉从没见过他笑得这么灿烂。有那么一瞬间，她的老师看起来竟然有点儿孩子气，很害羞的样子。

“我也不知道何时才能再有这种机会，所以我现在一定得告诉您，‘寻书侦探’对我有多么重要。”基斯林老师说，“我是跟我儿子一起开始玩这个游戏的。我和他妈妈离婚后，我和孩子的关系有段时间也陷入了低谷，是‘寻书侦探’给了我一个修复关系的机会。他现在上大学了，没时间再玩游戏，但我们还是会经常谈起以前寻书的经历，互相推荐自己喜欢的书。”

格里斯沃尔德先生听完微微一笑：“这很棒。谢谢你能跟我分享这些。”

“我似乎已经离不开这个游戏了，尽管我儿子已经不再迷恋，”基斯林老师坦诚地说，“而且通过游戏我还遇到了以前的朋友，如果你知道是谁，肯定会很惊讶的。”

艾米莉意识到，基斯林老师大概以为自己遇到的是米兰达·奥利达。趁现在告诉他库尔布里斯的事正合适，艾米莉反复吞了几口口水，闭上眼睛准备孤注一掷：“关于这个……”

她睁开眼睛，准备迎接基斯林老师、格里斯沃尔德先生和詹姆斯或好奇或严厉的目光，没想到他们根本没有注意她，都在看着刚刚凑过来的薇薇安。

“游戏要开始了。”薇薇安说。

会场已经坐满了人。照明灯光还亮着，游戏结束后才会调暗。同学们凑到赛道旁边，或三五成群，或站成歪歪扭扭的一排。一个打扮成鱿鱼战士模样的同学和另一个打扮成皮卡丘的同学弄乱了游戏道具，被脑袋上套着硬纸壳的戴文和凯文赶到了一边。

薇薇安清了清嗓子，望向艾米莉，仿佛在等待她说点儿或者做点儿什么。

“怎么了？”艾米莉忍不住问。

“这是你的主意，”薇薇安说，“你来跟大家讲解一下游戏规则吧。DJ 那里有麦克风。”

"在这么多人面前?"艾米莉的嗓音又变得不自然了。

一直以来都是薇薇安在操持一切，所以艾米莉没有丝毫的心理准备。那种仿佛穿着超级紧身衣的感觉又来了，仿佛回到了霍利斯特书店的签售会上。艾米莉看向詹姆斯，指望他会主动请缨。

"游戏很棒。"詹姆斯说，"这是你想出来的主意，这份荣耀应该属于你。"

格里斯沃尔德先生也把一只手搭在她的肩头。"我应该跟你提到过，其实我非常讨厌在那么多人面前讲话。"

艾米莉知道他在试图给自己宽心。但他是加里森·格里斯沃尔德——出版界的威利·旺卡，"寻书侦探"的缔造者，各种古怪游戏和活动的策划者——艾米莉觉得，没人能理解她此时的感受。

"你应该这么想，"格里斯沃尔德先生继续说道，"此时此刻，每个人关注的焦点都在自己身上，而不是你。每个人都可能在为各自的原因焦虑不安，而游戏可以让大家摆脱这种紧张和严肃，欢乐地玩到一起。你看，你的游戏道具多受大家欢迎。"

双胞胎之前赶走了鱿鱼战士和皮卡丘，可还是有很多好奇的观众围在赛道前，他们有的正对着纸带网指指点点地说着什么，有的则在研究起跑线的大硬纸箱。

格里斯沃尔德先生继续说道："你可以想象自己是在传达信息，仅此而已。你不需要扮演一个激情四射的主持人或者逗人发笑的喜剧小丑。你只是你自己，向大家解释游戏如何玩就行了。如果你需要一张友好的脸来缓解紧张，尽管往我这边看就好了。”

“或者看我也行。”詹姆斯附和道。

“我也完全支持你。”薇薇安说，她紧紧抓着活页夹，因为太过用力，连手指关节都变成了白色的。看着薇薇安瞪大的眼睛里流露出的忧虑和担心，艾米莉突然意识到，薇薇安面对这么多人其实也会焦虑和紧张。张罗一切的薇薇安，在走廊里为舞蹈委员会挨个找人签名的薇薇安，毫无惧色的薇薇安，竟然也害怕拿着麦克风站在舞台上。

“我们要开始游戏了吗？”凯文和戴文也跑了过来，后面还跟着妮莎和马迪。

“你能行的，艾米莉。”基斯林老师说。

可能是对舞台的恐惧让她忘记了之前的担忧和纠结，艾米莉脱口而出：“今晚您没有去寻书，对吧？”

“什么？”

“来会场之前，今晚您没在校园里找到任何藏书，对吧？”

基斯林老师眉头紧皱：“我是来舞会当监护人的，不是来寻书的，艾米莉。”

“嗯。我也是这么想的。”

“你可以从查理那里拿麦克风。”詹姆斯突然插嘴道。詹姆斯在提醒她——即使对查理的怀疑是对的，众目睽睽之下，他也没有机会干坏事。

“好吧。不过，基斯林老师，游戏结束之后我有件事要跟您谈谈。”

基斯林老师一脸困惑，不过还是点了点头。

艾米莉深吸一口气。“那我们开始吧。”

薇薇安陪着艾米莉走向舞台。查理把麦克风递给艾米莉。“推一下开关就打开了。”

同学们和大人们三五成群地站在会场中。有些已经把目光转向了舞台，但大多数人仍在忙着聊天或者跳舞。詹姆斯、薇薇安、凯文、戴文、马迪和妮莎站在舞台边上。格里斯沃尔德先生站在他们身后，正为她竖起大拇指。那些都是我的朋友，艾米莉在心里对自己说。她惊讶地发现自己变了很多，短短几个月里，竟然从一个羞于在新学校跟任何人交流的人，变得能在舞蹈委员会上引领同学们参加这样一个滑稽又有意思的游戏。

查理放起舒缓的音乐，艾米莉拿起麦克风开始讲话。

“大家好。”艾米莉把麦克风拿得太近了，声音听起来有点儿闷闷的，她调整了一下，又继续说道，“欢迎各位参加总统情人节游戏联盟舞会。”说完，艾米莉挥手指向挂在头顶的横幅，人群一阵欢呼。

40

艾米莉开始解释游戏步骤，就像格里斯沃尔德先生教她的那样，台下观众的脸在她眼里渐渐变得模糊。没等她反应过来，讲话就已经结束了。交谈声重新响起的时候，她才意识到自己刚才说话的时候台下有多么安静。所有人都在认真听着，没有人喧哗，也没有人大笑。她一讲完，想参加游戏的同学便开始三三两两地各自组队，不想参加的也都自动退后，为游戏腾出场地。看来没有人认为她策划的这个游戏滑稽可笑，走下舞台时，艾米莉心中满是如释重负的喜悦。

三组十人队伍很快就组好了。其他七年级同学则簇拥在赛道两侧观看游戏。艾米莉在西奥多·罗斯福队，马迪和凯文也在这一队。詹姆斯和妮莎则被分到了亚伯拉罕·林肯队。戴文和薇薇安在乔治·华盛顿队。查理在台上播放了一声号角，比赛开始。大家四散开来，队伍最前面的队员冲到硬纸箱边，翻找出三样服装道具把自己打扮成总统模样，然后一路争分夺秒穿过障碍赛道。同学们的尖叫声和鼓掌声此起彼伏，连查理播放的节奏飞快的摇滚乐都被盖过去了。

轮到艾米莉了，她在箱子里翻找出一条领带绕在脖子上，又在鼻子底下粘上胡子，然后扯过一副眼镜戴上，接着便开始跳过一个又一个呼啦圈。接下来是纸带障碍网，需要先跳后爬，这让艾米莉很是费了一番力气，脖子上的领带和身上硬硬的字母马甲让她的动作很笨拙，不过还好她这一队的服装道具里没有高礼帽。艾米莉朝终点跑去，就在这时，她感觉到旁边赛道上有一个人影正飞速追上来。还没等她反应过来，詹姆斯宽大的燕尾服的尾巴就已经飘到了她的前面。

艾米莉所在的西奥多·罗斯福队最终在障碍赛中排名第二，与亚伯拉罕·林肯队在踩气球环节展开了对决。跑动中，艾米莉瞥到站在场外的格里斯沃尔德先生正仰头开怀大笑。斯隆先生戴着美式高帽，正跟着鼓掌。基斯林老师则双臂抱在胸前，脸上挂着一丝微笑——反正她从没见过基斯林老师真正开怀大笑。

会场里变成了欢乐的海洋，参赛的同学们胡子掉了，帽子歪了，却仍争先恐后地拥着挤着，不时响起气球被挤破的砰砰声和高兴的尖叫声。就连马迪都在笑，一种奇妙的自豪感在艾米莉心底油然而生。她和马迪相互配合去追击詹姆斯，想踩爆他的气球。可就在他们围住詹姆斯的

时候，艾米莉感觉脚踝处被人扯了一下——她的气球被人踩爆了。她转过身，看到妮莎咧嘴一笑，说：“不好意思了！”然后便去追击别人了。

被淘汰出局没有让艾米莉觉得沮丧，她走到格里斯沃尔德先生旁边，跟他一起喝彩欢呼。“加油，西奥多·罗斯福队！”不过最后获得胜利的还是林肯队。

游戏结束后，詹姆斯也跑了过来，亚伯拉罕·林肯的胡须被扯到了脖子上，但脚踝处的气球仍然完好无损。

“这游戏真棒！”格里斯沃尔德先生说，“真是个好主意！”他仰着头，仿佛正思考着什么，脸上带着幸福的微笑。他的目光来回移动，仿佛在观赏一部动作电影，神情也恢复了往日的神采，一如艾米莉在视频中见过的那样。“哦，是的，我看到了。”格里斯沃尔德先生把詹姆斯和艾米莉都拉到身旁，“谢谢你们两个！真诚地感谢。不过我得走了，希望你们能理解，你们知道的，灵感就像泡沫，不及时抓住的话马上就会消失不见。”

格里斯沃尔德先生朝出口走去，临走时还摘下棒球帽向他们致意，途中又转过身再次跟他们挥手道别。“我迫不及待想跟你们分享！”他大喊。

“我们也很期待。”詹姆斯对格里斯沃尔德先生回喊道。

格里斯沃尔德先生已经走远，艾米莉却仍挥着手。游戏很顺利，这让她如释重负，格里斯沃尔德先生重新振作精神更是给了她意外之喜。直到舞台后方的条幅掉了，才把艾米莉带回现实，停下了挥动的手。

查理好像压根儿没有注意到条幅掉了，仍在专心操作着设备。基斯林老师跳上台，准备把条幅重新挂起来。

艾米莉深吸一口气。“我们去跟基斯林老师聊聊吧。”她说。

“等我一下。”詹姆斯弯腰去解脚踝处的气球。他之前走路的时候需要一直扯着气球的线，每走一步气球就像只愤怒的小狗一样扑打他的小腿。

他们在舞台下等待着，看着基斯林老师重新用胶带固定好条幅。从台上下来时，基斯林老师看到艾米莉和詹姆斯在等他，似乎有些惊讶。会场里面音乐声很大，加上不时有一些女生和着歌曲大声尖叫，基斯林老师只好扯着嗓子大声说："我没忘了谈话的事！但造雾机有个零件落在休息室了，我得去帮 DJ 拿一下。有什么话等我回来再说。"

没等他们回应，基斯林老师便走开了。

詹姆斯拉住艾米莉的袖子。"好了，我们可以先玩一会儿了。基斯林老师不可能在舞会期间找书。查理这会儿显然也没打算干什么坏事。"詹姆斯边说边指了指正在打哈欠的 DJ。

当你周围都是哈哈大笑的同学和欢快的音乐，担心和忧虑是很容易被抛下的。随着时间的推移，艾米莉也渐渐开始有点怀疑自己了，那天在科伊特塔她是不是看错了？毕竟，当时雨下得那么大。也许那所谓的火不过是光影造成的错觉而已——闪电照在水坑上，让他们误以为是火花。而且查理那次撒谎说不定也另有原因，詹姆斯说得对，她并不能就此便认定是查理在书店放的火。

"过来。"詹姆斯向艾米莉招招手，邀请她到舞池里跟其他舞蹈委员会成员一起跳舞。双胞胎这时已经脱去了《我的世界》的戏服，往身上套了好多总统的服饰，放飞自我地跳着自创的舞蹈，看起来就像正努力把粘在鞋底的口香糖抠掉一样。妮莎、马迪，还有薇薇安则正转着呼啦圈。

这时，基斯林老师拿着一个大罐子回来了，但艾米莉已经改变了主意，她觉得詹姆斯说得对，为什么一定要赶在这会儿跟基斯林老师说呢？等等也无妨。

詹姆斯捡起一个呼啦圈，套在腰部找了找平衡，然后快速转动起来。

透过一众呼啦圈的转影，艾米莉看到基斯林老师在造雾机旁边蹲下，拧开盖子后，把罐子里的液体倒了进去。这是造雾机爆炸之前，艾米莉记得的最后一个画面。

41

艾米莉刚开始还没反应过来眼前的一切意味着什么，她只看到造雾机突然弹跳起来，紧接着就见基斯林老师以一种奇怪的姿势向后退。造雾机的一块碎片弹到了旗子上，在旗子上划出一道口子，震得旗子摇摇摆摆。同时还听到一声巨响，像是一个巨型气球爆炸了，但人们仿佛什么都没有听到似的，依旧在舞池里跳着舞。是因为舞蹈音乐的节奏太过强劲，还是之前的踩气球游戏发出了太多类似的声响，以至于大家都没有在意它？

造雾机这时又爆出一连串的啪啪声，仿佛里面在放烟花似的。舞台周边的人也终于开始注意到舞台上的异常，纷纷转头看过去。

基斯林老师仍愣在他摔倒的地方，随后他试图坐直身子，但动作笨拙，眼睛呆呆地盯着面前的造雾机。

爆炸的声响越来越密集，造雾机开始更加猛烈地弹跳起落。蒸汽一阵一阵地涌出来，整个舞台都笼罩在一片烟雾缭绕中。人们纷纷后退，惊慌地抱着头四下逃窜。

这时，基斯林老师倾倒溶液的那个开口处，突然冒出了橘红色的火焰，仿佛伸出了一只手，在左摇右摆地跟人打招呼。舞台上的横幅掉落在火焰上，更助长了火势。

“起火了！”艾米莉大喊。

众人顿时反应过来。一瞬间，体育馆里尖叫声此起彼伏，但这尖叫声跟刚才玩游戏时欢乐的尖叫声已是天壤之别。站在远处的一些同学和监护老师还不知道这边发生了什么，听到声音反而快速聚拢过来，跟试图疏散的人流正好撞上，一时间大家你推我挤，纷纷往出口跑去。

基斯林老师回过神来，强撑着走到墙边，拉响了火警铃。响彻会场的报警铃声终于让所有人都反应过来，老师们开始组织引导学生朝出口疏散。他们急切的声音在空中飘荡：“按照之前的训练来！大家都镇定！有序退出！”

突然钻进鼻子的烟雾味道让艾米莉全身为之一紧。她下意识地咳嗽起来，尽管体育馆的空间比霍利斯特书店要宽敞得多，但上一次火灾的记忆还是引起了她下意识的反应。一位老师取下一个灭火器，对着条幅和造雾机喷了起来。詹姆斯扯着艾米莉的手臂，把她从舞台边上拉了出来。

到了外面，才发现天已经快黑了。按照平时的演习和训练，大家此时应该早已排着整整齐齐的队伍在草地上集合了。可这会儿同学们却如一团散沙，大人们喊破嗓子，也无法把他们聚拢到一块。一位老师从旁边跑过，大吼着：

“我们需要签到表！谁有舞会的签到表？大家都不要乱动，我们要确保所有人都安全疏散出来了！”但还是有同学已经开始往家走了，可能是因为他们没听到老师的话，也可能是此时的他们仍惊魂未定，下意识地想回家。也有一些同学此时忙着给父母打电话。

消防车来了，一起来的还有救护车和警车。

“怎么会有救护车？”艾米莉问，她担心基斯林老师是不是受伤了。

“我也不知道。”詹姆斯回答。

一群警察、消防员还有医生从车上跳下来，冲进体育馆。“怎么救护车也来了？”这些人从身旁跑过的时候，詹姆斯大声问了一句，但没有人回答他。

老师和同学们七嘴八舌地讨论着，但没有人真正知道出了什么事，有人说舞台起火了，还有人说基斯林老师拆除了炸弹。

“这肯定是库尔布里斯干的。”艾米莉轻声说。

詹姆斯扯掉脸上的林肯式胡须，扔在地上。

“造雾机是查理带来的。”他边说边摇头，“我之前还觉得他不会这么干。”

“我们得去给基斯林老师提个醒，”艾米莉说，“万一查理还有进一步的计划呢？”

詹姆斯没有反对。他们转身又朝体育馆跑去，结果被斯隆先生拦住了。他高举着手，像个交警那样拦着他们。

“孩子们，现在不能进去。消防员正在里面忙着，”他说，“你们要是有什么东西落在了里面，也得晚点儿再说。”

“我们有话要跟基斯林老师说，”詹姆斯说，“很重要的话。”

艾米莉扫视了一圈外面的人群。体育馆里面已经被清空，但是人群里却没有基斯林老师的身影，也没看到查理。“他怎么还没出来？他还好吗？”艾米莉问。

“他没事，我向你们保证。”斯隆先生带他们离开体育馆，朝同学们集合的地方走去。

艾米莉和詹姆斯在拥挤的人群中穿行，寻找他们的老师，还有 DJ 查理。

“我们没看到不代表他们没有出来，”詹姆斯思考着，“他们已经出来了。”

这时他们听到旁边一群同学中一个叫乔斯的正跟其他人说：“伙计，好像有个警察把基斯林老师带进学校问话了。”

“是逮捕吗？”有人问。

“他那么暴躁，肯定气坏了。”又一个同学插进来说。

“你在胡说，乔斯，”只听一个女生反驳道，“现在正在疏散。他们不会让任何人留在学校里面的。”

“起火的只有开舞会的体育馆，无所不知小姐，而且现在火也已经扑灭了。更不用说学校楼也不是栋栋相连的，我跟你们说，”乔斯说，“我听一个警察对基斯林老师说，他们收到匿名举报，需要到他班上看看。”

詹姆斯上前问道：“你确定吗？”

乔斯点点头。

“那个 DJ 在哪里？你看见他了吗？”艾米莉问。

乔斯皱眉道：“现在可不是听歌的时候。”

这时，一个同学指着大街说：“他飞也似的跑了。看来大火把他吓得不轻。”

同学们继续七嘴八舌地谈论着。艾米莉和詹姆斯退到了人群外面。

“这一切都会怪到基斯林老师头上。”詹姆斯轻声说。

显然，事情看上去确实像是基斯林老师的问题。艾米莉无法反驳。她自己也亲眼看到是基斯林老师往机器里面倒的东西，而且爆炸发生前还迟疑了几秒，好像在等着爆炸发生似的。另外，警察是要询问基斯林老师什么呢？又是谁举报的呢？库尔布里斯吗？

“查理跑了。”艾米莉说。

詹姆斯叹息一声，无奈地点点头：“如果真是他故意陷害基斯林老师，那就是我们的错了。都是因为我们，他才能大摇大摆地来学校。”

“甚至还是我们邀请他来的，”艾米莉补充道，“现在‘寻书侦探’网站上那个寻找挑战的帖子也被删掉了，这样一来，跟《汤姆·索亚历险记》以及起火地点有关联的人，就只剩下基斯林老师了。我们得想办法回学校，跟基斯林老师谈谈。就现在。”

“那些人是不会让我们进去的。”詹姆斯说。

一位警官正用黄色胶带把体育馆的主入口拦起来，防止再有人进去。一群女生在那里哭诉钱包什么的都落在里面，手机也在里面，但警官不为所动。

学校外面的同学们还是乱作一团，老师们试图让大家在草地上坐下，可没人听。家长们也陆陆续续开车过来了。一位父亲直接把车停在了马路中央，火都顾不上熄便打开车门飞奔过来。气愤的家长们不住地咒骂着蒙托亚校长。

詹姆斯拍拍艾米莉的手臂。“我有一个主意。”

42

校长站出来试图安抚愤怒的家长，趁着所有人的注意力都集中在他身上，艾米莉和詹姆斯偷偷溜到了人行道，转了一个弯，假装要回家，但其实他们平时回家并不会走这一条路。

学校的柏油路和员工停车场四周有铁丝网围着，灯光昏暗，空无一人。这个地方刚好处在体育馆的对面，所以没有警察看守。詹姆斯指了指学校大楼，其余教室都黑着，只有基斯林老师上课的一楼教室亮着灯。“走被口香糖粘住锁的那道侧门。”他说。

艾米莉记得那道门，直到昨天它依然没法正常打开或锁上。员工停车场平时为了方便员工停车是不上锁的，他们溜进停车场，又爬过半人高的铁丝网围栏。艾米莉翻越围栏的时候动作稍微大了点，落地时带得铁丝网一阵晃动，发出刺耳的吱呀声，像是被麦克风突然放大了一样。他们赶忙躲到暗处，等了几分钟，确定刚才的响声没有引起注意，这才弓着身子，一路穿过柏油路，跑到了教学楼侧门。

詹姆斯拉动门把手，门跟上次一样纹丝不动。他咬牙又试了一次，艾米莉双手合十，祈祷那块口香糖还没被门卫清理掉，门没有真的被锁上。终于，门松动了些，然后便打开了。

一进教学楼，两人便迅速把门关上。月光都被关在了外面，眼前顿时一片漆黑。教学楼里一片寂静，仿佛有人按下了静音键。他们适应了一会儿，渐渐能看清一点轮廓，靠墙的一排斑驳的黑影是储物箱，隐约还能看到教室的窗户。艾米莉和詹姆斯往40号教室走去，却听到身后似乎有个声音在跟着他们，好像是某人小心又缓慢的脚步声。艾米莉和詹姆斯瞬间僵在原地，回过神后，赶紧跑到旁边的楼梯天井藏了起来。

两人战战兢兢地躲了几分钟，想看看那声响是否会再次出现。

"你也听到那声音了，对吗？"詹姆斯小声对艾米莉说，"应该不是我的错觉吧？"

艾米莉点点头，随后便意识到，一片黑暗中詹姆斯应该看不到她的动作。"不是。"她说，"说不定是墙有些变形。"每次他们租住的房子到了晚上有什么奇怪的声响，艾米莉的爸爸妈妈就会这么说。

他们也不能整晚都藏在楼梯底下，便只好继续往基斯林老师的教室靠近。穿过走廊的时候，艾米莉不住地回头张望。走到两条走廊相交的地方，他们听到有声音从转角处传过来。一个陌生的声音说："你一个社会课老师手上竟然有金属钠，这可说不过去。你知不知道这东西碰到水会爆炸？"

然后就听到基斯林老师回答："我压根儿不知道那个罐子怎么会跑到我的抽屉里去。我发誓，我从来没见过它。"

"他们都在基斯林老师的教室。"艾米莉轻声说。

这时，一个警察的对讲机响了。"这个我们得带走。那台造雾机里有钠的痕迹，我想你应该能理解。"

"罐子外面包着纸。"又一个声音说道。过了一会儿，这第二个声音说："上面的笔迹看起来跟那块白板上的字迹非常像。白板上面的字是你写的吗？"

"是的，但我不知道这张纸是什么。"

"看起来像是一串日期：十月九日——渡轮大厦；十一月十一日——教会区；十二月二十七日——华盛顿广场……"

"那些都是火灾发生的日期。"詹姆斯低声说，"基斯林老师被人陷害了。"

这一次，艾米莉不再犹豫，她必须得做点儿什么。她沿着走廊跑到40号教室门口，也不再担心是否会弄出声响。詹姆斯紧跟在她后面。

"基斯林老师，我们有事情要告诉你！"艾米莉边说边跑进教室，在教室门口急刹住脚步。

基斯林老师吃了一惊，从椅子上站起来时像直接跳了起来似的。从颧骨上的伤口和白色绷带可以看出，造雾机爆炸的碎片击中了他。教室里还有两位警官，一位警官手上拿着一个棕色的瓶子，正伏在讲桌上写着什么，另一位则正把一张小纸条封进透明的塑料袋中。

见他们进来，伏在讲桌上写字的警官立刻直起身子。“怎么回事？”他制服的标签上写着“E. 派克”。

另一位警官朝他们走过来，挥舞着手里的塑料袋赶他们走。“出去，出去。”

艾米莉没有理睬两位警官，继续对基斯林老师说：“库尔布里斯在‘寻书侦探’网站上冒用了你的名字。刚才那张纸上的日期和地点都跟火灾有关，每次你找到《汤姆·索亚历险记》之后，那里都会发生火灾。你被陷害了。”

基斯林老师的眉头拧成一团。“你怎么知道库尔布里斯？你怎么……”

“够了。”派克警官盖上笔盖，把钢笔插进衣服的前口袋，“我们不能让你们两个孩子待在这里。”

艾米莉继续说着，她知道自己必须赶紧说完，两位警察很快就会把他们赶走。“詹姆斯和我早就应该把这些说出来的，可我们先前以为你和库尔布里斯是在想办破译‘无法破译的密码’……”

“无法破译的密码？”基斯林老师抱着手，眉头紧皱，“艾米莉，现在不是说这些的时候。”

派克警官冲同伴努努嘴，那位警官走上前，把艾米莉和詹姆斯赶到了走廊上。

艾米莉伸着脖子，继续朝基斯林老师大喊：“库尔布里斯是故意让你以为自己遇到的是前女友，好引诱你参加‘寻书侦探’的挑战行动！”

詹姆斯弯腰从警官胳膊下面补充道：“昨天在科伊特塔，一个男人在你找到那本书之后又放了火。那个人就是库尔布里斯！”

基斯林老师一脸震惊，目瞪口呆地站在原地。

这时，走廊上传来奔跑的脚步声。艾米莉以为是警察跑过来帮忙押送他和詹姆斯离开，谁知来的却是斯隆先生，他倚着门框，正大口喘着气。

“又来一个！简直一团糟！”派克警官气得挥舞着手臂，他的同伴则赶紧打开对讲机，忙不迭地通知其他人。

“我看到他们偷偷溜进了学校，”斯隆先生喘着粗气说，“不好意思，给你们添麻烦了。我带他们从正门出去。”

艾米莉为该不该跟基斯林老师坦白纠结了那么久，结果说出来之后却没有人相信她。基斯林老师刚开始似乎还有些吃惊，可现在他脸上却没有担心或者忧虑，只有失望。这种神情艾米莉和詹姆斯很熟悉，他们在课堂上传纸条被抓住时，基斯林老师脸上也是一模一样的神情。基斯林老师被爆炸的造雾机震得直往后退的画面不停地在艾米莉脑海中重现，她似乎还闻到了霍利斯特书店起火时纸被烧焦的那种味道。

“是查理，基斯林老师。”艾米莉说，“他想让别人以为你就是纵火犯。查理就是那个 DJ，造雾机是他带来的，肯定是他提前在里面放了钠，然后故意让你去取溶液。讲桌里的那个罐子很可能也是他放的，向警察匿名举报的说不定也是他。”

“查理？我以前的学生？”基斯林老师摇摇头，不愿意相信艾米莉的话，“这种话可不能乱说。”

“我知道，但绝对是有人在故意陷害你，而你给了查理人生中唯一一个D。他对此一直耿耿于怀。”

派克警官叹息一声，重新掏出笔，拔开笔帽，问道：“你知道这个查理的全名吗？他还在这里吗？”

“我记得查理，”基斯林老师平静地说，“他不是那种心胸狭窄的孩子。他学习不怎么努力，所以才得了一个D。他不愿意做家庭作业。但我不相信查理会费尽心机做你刚才说的这些事。”

“不要低估一个心怀怨气的学生，”斯隆先生说着，把手搭在艾米莉和詹姆斯肩头，“我们得让警察工作。”说完，他便把艾米莉他们往走廊那头轻轻推了推，又对警察说：“她最近刚经历过书店起火的事。我想，那件事一定给她造成了心理创伤，今晚的事件可能让她又回想起了那些不愉快的记忆。”

斯隆先生的话让艾米莉十分气愤。一开始，她以为这是因为斯隆先生把她对老师的关心说成某种歇斯底里，而她又没办法直接反驳。但随即她便意识到究竟是哪里不对劲。

艾米莉转身看着斯隆先生：“你怎么知道火灾那天我

在霍利斯特书店？”

斯隆先生干笑了几声：“艾米莉，别闹了，你自己之前说过的。”

艾米莉摇摇头：“火灾之后的那次舞蹈委员会的会议上，你就说你很遗憾发生这种事。但在那之前我从来没有告诉过你我在书店工作。我周六早上在霍利斯特书店帮工只有几个人知道，里面绝对没有你。”

“那次火灾事件上了新闻。”斯隆先生说。

“但新闻上并没有艾米莉的名字。”詹姆斯一针见血地指出。

艾米莉抬头看向屋子里的其他人，基斯林老师死死盯着这位代课老师，两位警官也跟盯着老鼠的猫一样。

斯隆先生安抚似的笑了笑，缓缓说道：“艾米莉，火灾已经过去好几周了。总会有流言传到学校嘛。而且我不是在霍利斯特书店的签售会上见过你们俩吗？说不定我就是那时候知道你周六会去书店帮忙的。”

“开签售会的时候，艾米莉压根儿还没开始去书店帮忙。”詹姆斯直接指出来。

艾米莉的视线模糊了，她仿佛又回到了火灾那天早上，仿佛又回到了霍利斯特书店的树屋里头，听到门铃一次又一次地响起。基斯林老师找到《汤姆·索亚历险记》之后就走了，然后是查理——按照他自己的说法——去给停车计时表充费，书店里只剩下艾米莉一个人。这时斯隆先生走进了书店，以为书店里没人，然后放了火。然后他听到艾米莉呼唤查理，知道原来她也在这儿——也有可能他放完火后就在书店外的某处藏了起来，一直在暗处窥视着事情的发展，亲眼看到了艾米莉跑出来求救。

“你就是库尔布里斯。”艾米莉大着胆子说道，努力让自己听上去更有底气。

斯隆先生却大笑起来：“我根本就不知道你在说什么。你说的‘库尔布里斯’到底是什么意思？”

艾米莉看向基斯林老师。基斯林老师表情严肃，但艾米莉分辨不出他紧皱的眉头到底是因为对她生气，还是已经开始相信她的说法。她必须趁热打铁，在警官失去兴趣前把该说的都说出来。

“基斯林老师，你当时为什么会去给造雾机填充液体？”艾米莉问，这似乎是一个很重要的问题，“东西是查理随 DJ 设备一起带过来的，为什么他自己不去呢？”

“薇薇安告诉过查理，要游戏结束以后再播放舞会音乐，打开舞台设备，还记得吗？”詹姆斯插嘴道，“所以他当时可能是在忙着播放音乐，抽不开身？也许他不得不请别人帮忙。”

“查理确实找过别人帮忙，”基斯林老师说，他看起来很平静，但表面的平静下怒意已经开始涌动，“是不是，哈利？但你当时在忙着摆零食台——你是不是这样跟我说的？在你让我去拿溶剂，并帮忙倒进机器里的时候。”

斯隆先生的眼睛转了转：“别让这两个小孩影响了你，布雷恩。今天晚上发生了太多事，你肯定压力很大。我想

你应该是记错了。”

基斯林老师向前走了一步，警官也跟着紧张起来，似乎随时做好了分开基斯林老师和斯隆先生的准备。

“我现在想起来你到底是谁了，”基斯林老师说，“已经过去了三十多年，但我现在都记起来了。你以前不叫哈利，你的名字是哈沃德·斯隆，是米兰达的一个古怪朋友。”

斯隆先生冷哼一声：“现在记起我了？当然了，眼下你用得着了，当然也就能记起来了，是不是？去年九月，在文学迷宫活动上遇见我的时候，你怎么就没想起来呢？连抽空聊两句都不愿意，光顾着为你那可怜的胜利趾高气扬去了。可我记得你，毕竟想要忘掉一个毁掉自己人生的人，可不是件容易的事。”

“你的生活不是我毁掉的。”基斯林老师说。

斯隆先生大笑起来："哦，不是吗？没想到你比我自己还了解我的人生呢，尽管你直到五秒前才记起我是谁。"

"如果你所谓的毁掉你的人生，是指你被哈姆雷特高中开除的事，那怪不得我。"

斯隆先生听完直摇头，一副作呕的样子。"你真是我见过的最狂妄自大的自恋狂。"

两位警官交换了一个眼神，派克警官向前一步。"先生们……"他刚开口，但斯隆先生直接略过了他。

"不过是一次化学实验出了差错而已，你竟然跑去报告了校长。"

"你当时可是在课堂上发射了火球。"基斯林老师平静地说。

"那是偶然事件，那时我才刚刚当上老师，而且也没有人受伤。但你迫不及待地想把我踢到一边。你知道我抢走你的工作和你的女朋友不过是时间问题。你害我被开除，这件事引发的一系列后续事件完全毁掉了我的人生。但是你猜现在怎样呢？"斯隆先生说着朝基斯林老师凑过去，说话的时候唾沫横飞，"我是菲——尼——克——斯。我总能浴火重生。"

"好了。"派克警官走到他们两人中间，把一只手重重地搭在斯隆先生肩头，"我还得料理现场的事，请你跟我的搭档走一趟吧。"

代课老师斯隆先生没有再说话，任凭警察把他带离了房间。

43

二十分钟后，在给基斯林老师做完笔录，并取得艾米莉和詹姆斯的证词后，派克警官也离开了。

“这么说，斯隆先生就是那个纵火犯？”詹姆斯问，“他费尽心机地要报复你，就是为了三十多年前的一桩陈年旧事？”

“似乎是这样。”基斯林老师沉重地叹息一声，瘫坐在椅子上，扯开上衣的衣领，“那么聪明的人，真是可惜了。”

“如果他没有如此伤害你和霍利斯特，我可能也会替他感到惋惜。”艾米莉说，“真令人难过。这么久以来一直背负着仇恨生活，时间比我全部的人生都长。”

“比我们两个人的加起来都长。”詹姆斯补充道。

“好了，好了。”基斯林老师举起双手，“我知道了，是我老了。”说着，老师微微笑了笑，又叹息一声，“我应该早点醒悟过来的，这样就不至于卷进那个什么寻找挑战。

都是因为我这个人太好胜了，无法拒绝别人发出的挑战。”

艾米莉点了点头。这一点她自己也深有体会。

“说实话，一开始我以为库尔布里斯是我儿子罗比。因为那个寻找挑战的标题是‘回首旧时光’，看到这个标题，我便下意识地想起从前和孩子一起玩游戏的日子。不过在我找到头两本《汤姆·索亚历险记》后，我发现这个库尔布里斯似乎知道我以前对‘无法破译的密码’很着迷，这就有点儿奇怪了，不过我以前也跟罗比提过这件事。他小的时候，我甚至还带他到图书馆看过那个密码，我们很喜欢一起破解谜题，玩‘寻书侦探’上的游戏。

“反正，我当时没有多想，因为看起来似乎也没有恶意。第二本《汤姆·索亚历险记》的密码里提到了地图，我当时立即就想到了我的老朋友米兰达。而伊娜·库尔布里斯是她最喜欢的诗人。

“我从来没有想到会是斯隆先生。去年在‘寻书侦探’的活动上撞见他时，我觉得好像有点儿眼熟，但我以为那是因为大家都是‘寻书侦探’玩家。毕竟已经过去太久了。他是米兰达的一个朋友，我对他了解得很少。他只是我生命长河中的一个过客，但我于他而言显然不止如此。”

“别被这种事打败，”詹姆斯说，“斯隆先生就是故意让你以为他在跟你玩一个轻松友好的游戏，让你以为他只是想唤起你对‘无法破译的密码’的兴趣。”

“斯隆先生其实压根儿就不在意‘无法破译的密码’。”艾米莉突然意识到这一点。

“对，我也这么认为。”基斯林老师表示同意，“他之所以用‘无法破译的密码’作诱饵，只是为了引起我的注意。尤其是想让我误认为这消息是米兰达发出来的。”基斯林老师说到这儿有些脸红，“不过，现在天色也晚了。你们给父母打电话了没？”

父母！艾米莉和詹姆斯面面相觑，惊慌失措。因为太过着急和担心，他们已经把这回事忘到了九霄云外。体育馆被清空之后，所有参加舞会的学生家长都收到了自动发送的信息。如果他们的父母在正门找不到他们，肯定会被吓坏的。想到这儿，艾米莉和詹姆斯连忙跟基斯林老师一起，穿过黑洞洞的走廊，往前门奔去。

“我妈妈和外婆今晚要准备情人节的晚宴，”詹姆斯说，“她们很可能还没留意到信息。”

“说不定你爸爸看到了信息。”基斯林老师说，已经有点儿上气不接下气。

“他又出差了。”

詹姆斯语气中的苦涩让艾米莉不由得想起斯隆先生和他那长达几十年的怨恨。他是否也是这样？某时某刻的一点点苦涩，因为反复咀嚼而不断放大，直至变得不可收拾？

艾米莉也不确定自己父母此时是否在学校大门前等待着。他们并没有时时看手机的习惯，手机也经常调成静音模式，因为他们不喜欢生活被电子产品打扰。他们此时说不定都还在家里，以为舞会结束后艾米莉正在学校帮忙打扫清理呢。

他们推开教学楼的正门，看到校门口的喧嚣已经安静了许多。消防车还在，但救护车已经离开了。门口还停着一辆警车，艾米莉猜测应该是派克警官和他的同伴还在里面讯问斯隆先生。大部分学生都已经自行离开或者被父母接走了。还没走的一群同学中有不少还戴着亚伯拉罕·林肯的帽子、乔治·华盛顿的假发，老师们陪在旁边，草地上到处都是已经瘪掉的气球，仿佛刚结束一场持续到晚上的野餐，而不是刚经历过一次火灾。

艾米莉先是看到了萨尔——他们家的小卡车，然后才看到车子前面的爸爸跟校长。他们都在焦急地望着人群，校长还举着电话正说着什么。

“爸爸！”艾米莉挥手。

克兰先生转过头望向校门这边，脸上随即露出了微笑。蒙托亚校长本来紧绷的肩膀也顿时放松了下来，夸张地吐出一口气。

“詹姆斯！”紧接着又一个声音响起。艾米莉往父亲那边跑的时候，看到詹姆斯的爸爸也从一辆轿车中出来，挥着手。

“爸爸？”詹姆斯大叫，“你怎么会在这里？”

艾米莉和詹姆斯几乎是同时跑到了自己爸爸身旁。艾米莉听到詹姆斯的爸爸说：“我提前一天回来了。”詹姆斯双手搂住爸爸的腰，把脸埋在爸爸胸前。李先生轻声笑了笑，抬起一只手，有些迟疑地抚了抚詹姆斯的头发，把史蒂夫压了下去。

克兰先生也用手揽住艾米莉，把她紧紧地搂在自己身体一侧。“到底发生什么事了？”他问。

“就是一台造雾机着火了。”艾米莉暂时还不想解释太多，毕竟斯隆先生和那一系列纵火事件说来话长。而回了家她肯定还得跟妈妈讲一遍，可能还得跟马修再讲一遍，毕竟他向来爱听这种故事。艾米莉突然感觉疲惫不堪，此时此刻她只想捧着一本书缩进被窝。

“哦，对了，”爸爸说，“今天晚上有人打电话来找你。好像是旧金山图书馆的一位图书管理员。”爸爸说着抬起了一边的眉毛，一脸疑问。

“是林登女士！”艾米莉双手合十。她都忘了之前给林登女士留言的事。

“是的，林登。是这个名字。我问她是不是你借书超期了要罚款，但她说打电话过来是回复你有关船的问题。”爸爸特别强调了“船”这个词，好像林登女士说的是太空猪之类的匪夷所思的东西。

艾米莉反应过来了什么。“我得跟基斯林老师聊几句。爸爸，你稍等我一下。”

基斯林老师此时还站在学校大门口，仍是他平时的姿势——双脚叉开，手臂交叠抱在胸前，还有钢铁一般的眼神（此刻看来，艾米莉觉得那其实更多是一种关切的注视）。

“基斯林老师，我还有一件事想跟你说。这次是好事。”

基斯林老师抬起一边眉毛：“是吗？”

艾米莉回头望了望詹姆斯，看到他此时正跟他爸爸一块儿朝车子走去。“事实上，我应该让詹姆斯跟你说的。是他破译了密码。”

“破译……什么？你说的不会是‘无法破译的密码’吧？”

基斯林老师一脸难以置信的表情，可惜手边没有相机，不然艾米莉真想拍张照片记录下来。虽然艾米莉没能得到破译这个历史难题的荣誉，但她还是很开心，因为他们竟然赢过了自己的老师，而且还发现基斯林老师其实完全不像她以前想象的那么严肃。

“看我们演示一遍可能更容易理解。明天下午您能到中心图书馆跟我和詹姆斯见个面吗？在六楼的历史中心。”

44

跟家人讲完这一晚上惊心动魄的遭遇之后，艾米莉瘫倒在床上，打算看一会儿书，结果却不知不觉睡着了。睡到半夜突然醒来，发现身上还挂着字母马甲，于是她又起来换上睡衣，去卫生间刷牙，但刚走到过道，便听到前面的房间里父母正在说话。妈妈常常工作到很晚，这天晚上，爸爸竟然也工作到这么晚。

“你不觉得这会让艾米莉难过吗？”爸爸说。

一听到父母提到自己的名字，艾米莉僵在了原地。

“这对我们全家来说都是一件好事，大卫。这是一个很棒的机会。”

“我知道，可是这也是一个非常重大的变化。而我们之前答应过她……”

妈妈打断了爸爸的话：“我保证，她的反应肯定比你想象中要好。”

艾米莉连忙跑回自己的房间，不想再听下去。她知道他们说的是什么意思，而这些跟学校里的火灾或者基斯林老师都没有关系。这段时间父母只答应过她一件事：不再搬家。克兰夫妇答应艾米莉，他们会一直在旧金山住下去，直到艾米莉和马修愿意离开为止。这是他们之间的约定，而现在她的父母显然打算收回自己的承诺。

艾米莉在床上辗转反侧。她想起新年时无意中听到父母之间的对话，那时爸爸面临着失去收入的窘境。旧金山的生活成本太高，他们家的存款只够支撑一年。可是，他们毕竟答应过她再也不会搬家了呀。

第二天早上，艾米莉没有跟父母说一句话。她在等着爸爸丢下这颗原子弹。尽管爸爸嚼麦片的声音那么清脆欢快，外面的天气也一片晴朗，艾米莉却感觉心里有一根针在不断刺戳，让她怒气不断高涨。

接下来的一整天，艾米莉把自己闷在房间里埋头看书，心烦意乱地数着时间，等待去图书馆的时刻到来。终于，差不多到时间出发了。艾米莉正检查笔记本和笔是否放进了书包，马修走了进来，一屁股瘫倒在她的床上。“好无聊。想做点儿什么吗？要不我们到梅森堡的沙滩上走走吧，或者去华盛顿广场逛逛。”

“我去不了，”艾米莉说，“我要和詹姆斯去一趟历史中心。”

“你是说那个绿头发图书管理员那儿？”

艾米莉点点头。

“你们还在研究那个古老的密码啊？”

“不是研究。我们已经破译出来了。”

马修闻言瞬间从床上坐了起来。“真的？”

“真的。”艾米莉边说边拉上书包的拉链。

这时，爸爸探头进入艾米莉的房间。“哦，太好了，你们两个都在这儿。你们俩有时间开个家庭会议吗？妈妈和我有点儿事想跟你们讨论一下。”

艾米莉深吸一口气，尽可能地平复心情，以防自己彻底爆发出来。

“是关于昨晚的事吗？”艾米莉平静地说，她心里已经了然。

“不是，不是。”爸爸用一只手挠了挠脑袋，眼睛盯着地面，看上去有点儿不好意思。“只是我们可能需要做出一点点调整。”

马修听完立刻咆哮起来：“是不是我们又要搬家了？”

他们的爸爸抬起眼睛，一脸惊讶的表情。“我以为你们都喜欢搬家呢。”

马修举起双手，对着天花板大喊，仿佛是在跟楼上的詹姆斯对话一般：“为什么你们每个人都这么想？天哪，看来做个好脾气的人真是容易被人误解啊。”

艾米莉不敢相信爸爸竟然选择在这个时候说出来——她正要出门，她已经期待了一整天，她即将宣布一个重大发现。艾米莉知道爸爸是故意的，他可能觉得这是一个好的选择——先向她宣布这个晴天霹雳般的消息，然后再让破译密码带来的欣喜冲淡她的伤痛。然而他不知道的是，这适得其反。她好容易才使情绪缓和了一点儿，准备按照事先的计划去图书馆，而爸爸也明明可以晚一点儿再宣布他的消息。

“现在不是说这个的好时候。詹姆斯和我得去图书馆为一个学校项目做调研。图书馆五点钟就关门了。”

就在这时，门铃响了，艾米莉不由得松了一口气，在心里感激詹姆斯来得刚刚好。“我们可以晚点儿再谈吗？”

克兰先生叹了一口气。“可以，我们晚点儿再说。”

爸爸离开房间后，马修冲艾米莉抬起一边眉毛，一副不解的样子。

“‘无法破译的密码’什么时候变成学校项目了？”他问。

艾米莉用大拇指指了指爸爸刚才站的地方。“我不想让自己因为他们的决定不开心。”

“你知道一些我不知道的事？”马修问。

“是的。”艾米莉淡淡地说，“不管怎样，詹姆斯和我，还有基斯林老师打算在图书馆见面。我们会向他展示我们的发现，某种意义上这也算是一种学校项目。”

“好吧，如果你不想让妈妈和爸爸知道你去图书馆的真正原因，就得带我一起去。”

“什么！为什么？”

马修耸了耸肩：“因为我无聊啊。而且，要是你把我一个人留在这儿无所事事，我说不定会到处转转，顺便说说‘无法破译的密码’的事哟。我可不敢保证妈妈和爸爸是否会无意中听到些什么。”

艾米莉眼珠转了转：“如果你真的想来，那好吧。”

马修咧嘴一笑，边站起身边扯了扯艾米莉的马尾辫。“还以为你会坚持到底呢。”

45

艾米莉、詹姆斯、马修、基斯林老师和林登女士全都围在“无法破译的密码”的原始文件旁，艾米莉和詹姆斯轮流讲述他们是如何破解这个密码的。艾米莉指着笔记本上的步骤，说着他们是如何用 hope 当关键词做出密码表，然后按照从右到左、从上到下的顺序成功读出信息的。

艾米莉翻到最后一页，向他们展示最终破译出的信息：

X third tree east of duck rock.

（X 在鸭形岩东边第三棵树。）

“哦，天哪，”基斯林老师用一种后生可畏的表情摇着头说道，“真是了不起的观察力。我从没去想那块棕色印记隐藏着什么秘密，也从来没想过密写墨水的可能性。很多人以为密写墨水是现代才有的发明，压根儿没意识到它其实已经沿用了很久。”

“真是精彩，”林登女士也附和道，“这么多年来，大概绝大多数试图解开密码的人都想当然地以为那个藏宝者是个白人，就像《兔八哥》里的燥山姆那种形象。”

“说得没错。”基斯林老师激动地点头，“如此看来，如果不跳出既定的思维框，真的是会给自己横加很多限制。干得好，你们两个！”

“这太让人兴奋了。”林登女士双手合十，对艾米莉和詹姆斯说，“拜托了，让我也参加你们的冒险活动吧。我很愿意用我的船带你们去海鸥岛，随时都可以。鉴于海鸥岛面积不大，如果地图上标示的地方真的是海鸥岛，我想应该有很大机会找到那个鸭形岩。而且那个岛上一共只有大约十五棵树，所以即使找不到鸭形岩，一棵一棵去找应该也能找到宝藏了。”

跟大家分享解开这道历史谜题的过程中，艾米莉心情也好了很多，暂时忘记了接下来可能要面对的不快。可能会有某件重要的事情让她父母改变主意，也好让她和马修松一口气。

“我们能现在去吗？”她问。

“哦！”林登女士看了看基斯林老师，又看了一眼手表，“这个……我半小时后下班。如果你们愿意一个小时后在码头碰面，我觉得我们完全可以今天去一趟。当然，得先征得你们父母的允许。”

艾米莉紧咬嘴唇。“关于这个，能让我们讨论一下吗？”艾米莉说的“我们”是指她自己、詹姆斯和马修。

“当然可以。”林登女士说，“你们商量好了到前台找我们就行。”

“你们觉得呢？”林登女士和基斯林老师一走开，艾米莉立刻问道。

“我参加。”马修耸耸肩说。

“我妈妈对基斯林老师印象很好，所以如果老师也去的话，她应该就不会反对。”詹姆斯说。

艾米莉却对自己的父母有点儿没信心，他们没怎么跟基斯林老师联系过，毕竟他们一家搬来旧金山生活也才四个多月。经过前一晚上的事，艾米莉更加不确定父母是否会同意她跟两个他们不认识的成年人一起乘船出海，即使艾米莉再怎么保证估计也无济于事。不过艾米莉还有最后一个办法，她确信父母肯定会同意，而且同时能让詹姆斯的妈妈更加放心。

“我可以用下你的手机吗？”艾米莉问马修。

马修把手机递给艾米莉，她按下了爸爸的手机号码。

“嘿，是我，艾米莉，”电话接通后，艾米莉说，“如果现在让你和妈妈来一场小小的冒险，你们意下如何？”

这次临时起意的出海之旅让克兰夫妇十分惊讶，不过有一双热衷于新鲜事物和冒险的父母的好处就是，他们也常常能接受计划之外的事情。艾米莉、詹姆斯和马修决定先回家，换一身暖和点儿的衣服，然后再跟父母一块儿到码头集结。

很快，七个人就都穿上了救生衣，坐上林登女士的小帆船，扬帆朝海鸥岛驶去。海风冰凉刺骨，艾米莉庆幸自己听了妈妈的话，随身带了一件羊毛外套。

让艾米莉高兴的是，基斯林老师和林登女士两个人竟然很合得来。她原本以为，他们是两个极端——基斯林老师严肃古板，林登女士却潇洒不羁，这从她五彩斑斓的头发和文身就看得出。基斯林老师向林登女士请教航行的事，林登女士则撸起自己防风夹克的袖子，给基斯林老师看她的文身——那是为了纪念她第一次航行到法拉隆岛。基斯林老师接着又开始问起其他文身的故事，更让艾米莉惊喜的是，他竟然也撸起自己的裤腿，向林登女士展示腿上的一个蓝色罗盘文身。

在基斯林老师和林登女士聊得火热的时候，艾米莉和詹姆斯也跟父母讲了一遍“无法破译的密码”的来龙去脉。

“这个密码曾经属于马克·吐温？”艾米莉的爸爸不敢相信地问道。

艾米莉的妈妈则转身对基斯林老师说：“您最初是如何了解到这个传奇故事的？”

“事情还得从 1978 年说起，当时我志愿参加了一次捕鲸船的发掘工作，那艘船沉埋在旧金山城地底。而‘无法破译的密码’跟那艘船——奈安蒂克号——关系十分密切，所以随着这艘船的出土，这个古老的谜题也再次进入公众的视野。

“我之前其实想到过那张纸折起来就会变成一张地图。我跟以前的女朋友还曾经带着金属探测器登上过天使岛，希望能找到金子。”基斯林老师边说边摇头，似乎也被年轻时的自己逗笑了。

“真的吗？”艾米莉问。

基斯林老师点了点头：“耶尔巴布埃纳岛当时还属于军方，并不容易进入，所以我们只能祈祷自己好运，到天使岛上碰碰运气。库尔布里斯此前说有关于地图的新消息，我还以为是米兰达想出来是哪个岛了。当然了，现在我们已经知道，那条信息其实只是一个恶作剧。”

接着，基斯林老师对艾米莉的父母说：“我知道这可能有点儿可笑。一个成年人竟然如此痴迷于寻书、寻宝的游戏。”

艾米莉的爸爸却只是挥挥手。“您不需要解释什么。我们还曾想着把美国的所有州都住遍呢，也很可笑吧。”

“因为艾米莉的缘故，我们对寻书的事情也相当了解。”克兰太太补充道。

“而且这并不可笑，至少我不这么认为，”林登女士接着说，“你们可能不敢相信——虽然我已经四十多岁了，但我还是热衷于参加赛艇游戏，而且几乎所有的休息时间都用在涂色书上。我也绝不会去评判他人是不是应该参加寻书挑战，无论对方多大年纪。我觉得应该有更多人抬起屁股参与进来——实话实说，我就是这么想的。”

“屁股？”詹姆斯问，基斯林老师则开怀大笑。

林登女士也咧嘴一笑：“屁股。我就是这么说的，没错。”

热闹过后，大家都陷入了若有所思的沉默中，静静听着海浪拍打在船体上的声音。林登女士指向前方一个小土堆，它看上去就像是一大块乌龟壳。

“那就是海鸥岛，”她说，“我可以把船尽量驶近，不过最后还是得乘坐小艇上岸。我建议小艇上不要超过三个人。我得留在船上，如果把船留在这儿没人看管，恐怕就更有得忙了。”

克兰夫妇和马修主动提出跟林登女士一块儿留在船上，让基斯林老师、艾米莉和詹姆斯这三个一直在想办法破译密码的人登岛。马修仰起头朝海滩延伸的方向张开双臂，阳光洒在他的脸上，他大喊：“这正是我梦想的感觉呀！”

小艇其实是一艘充气小船，艾米莉三人带着金属探测器和两把不同尺寸的铲子坐了上去，空间刚刚好。

一行至浅水区，三个人跳下水，拖着小船登上了海鸥岛鹅卵石遍地的窄小沙滩。林登女士之前说这座岛已经成了鸟儿的避难所，还真是一点儿不夸张。白色的海鸥在海滩上蹒跚而行，一只灰色的鸟从他们头顶飞速掠过。

海鸥岛地势平缓，他们没费多少力气就爬到了岛的最高点。对于艾米莉而言，最难受的是往上爬的时候得把手搭在满是鸟屎的石头上。站在海鸥岛的顶点，一切尽收眼底——东一丛西一丛的灌木，随处可见的巨大岩石，零零星星的几棵树，一只手都数得出来。岛上地势平坦，面积狭小，可能用不了十分钟就能从岛的这头走到那头。

“这些石头有哪块看着像鸭子吗？”基斯林老师问。他们在岛上四处转悠，盯着那些石头看，就跟在研究雕塑一般。

“可能这块？”詹姆斯指着一块比足球大不了多少的石头问。可是艾米莉却觉得那更像一只兔子。这样找下去几乎就像拿着照片找出是哪一朵云一样，不过至少石头不会改变形状。

三个人转悠了好一会儿，观察分析岛上的石头。天空逐渐呈现出漂亮的粉色，艾米莉知道这意味着他们今天的冒险时间所剩无几了。

“你们看这块呢？”基斯林老师大叫。

看到那块石头的第一眼，艾米莉就知道他们找到了——那块石头宛如一只浮在水面上的鸭子，脖子向着身体弯曲，甚至还有一处突出的地方，看起来就像鸭子的嘴巴。

“我觉得应该就是它了！”艾米莉兴奋地说。

“这边是东边。”基斯林老师已经测算好了方位。

艾米莉和詹姆斯连忙朝基斯林老师指出的方向跑去，跑过一棵树便数一个数：“一……二……三！”

然而第三棵与其说是树，不如说是一个树桩。树并不是被人砍倒的，看起来像是很久之前被暴雨或闪电击倒了。树根处有一个树洞，日积月累的鸟屎把树桩几乎整个包裹了起来，把它变成了一团白色的固体。

“好恶心！”艾米莉说。

基斯林老师手持金属探测器在那棵树前面晃动。当他探测到树的一侧时，探测器哔哔哔地响了起来。三个人僵立在原地，面面相觑。“我们先不要太激动，”基斯林老师谨慎地说，“有可能是假警报。”但随后他用金属探测器在那个地方探测了几次，每次都会传出哔哔哔的响声。

“感觉像是里头有什么东西。”詹姆斯说。三个人围着树洞研究着，洞口层层叠叠的满是鸟粪。“这简直就是鸟粪做成的碉堡，”詹姆斯咧嘴笑道，“我觉得应该不是这里。”

基斯林老师冷静地用铲子尖轻轻刮掉上面一层白色的鸟粪壳，然后一层一层轻轻往下刮，直到露出一个黑乎乎的开口。艾米莉俯下身子，想凑近看看里面是什么。她后悔没有随身带上马修的手机，不然就能用灯光照一照了。

基斯林老师把铲子塞进去，然后四处探了探，看看里面有没有东西。哐当一声闷响，铲子似乎触到了什么。

听起来不像是鸟粪。

听起来也不像是树桩的内壁。

“听起来像是金属。”詹姆斯说。

基斯林老师伸出手往洞里摸去——艾米莉也跟着忐忑不安起来。尽管树洞之前被鸟粪封住了，但万一里面还住着蛇或者其他动物呢？说不定除了他们眼前的这个洞口，里面的“居住者”还有别的入口呢？

不过探手进去的基斯林老师没有发出哀号，看来没有什么东西攻击他。慢慢地，基斯林老师从里面掏出一个锈迹斑斑的大锡罐。

“天哪！”詹姆斯大叫。

“真希望跟我想的一样。”艾米莉说。

基斯林老师打开盖子，探手进去，从里面拿出来一个黑色的碗。碗只有手掌大小，样式也很简单。

艾米莉知道，期待一个装满闪亮金币的宝箱有点不现实，但这样一个其貌不扬的碗的确让人有些失望。

“就是这么个东西？”詹姆斯问，“这就是淘金客费尽心思藏起来的宝藏？”

基斯林老师从锡罐里又掏出一张纸。他把纸张展开，发现纸的一面写着汉字，另一面则写着英语。“这些手写字很难辨认，不过看起来像是 Wong Ming-Chung——可能跟宝藏主人的身份有关。”

“你们不觉得说不通吗？”詹姆斯问，“如果这个真是陶瓷的，那金属探测器为什么会响？”

“外头还有个锡罐，”基斯林老师说，“锡罐也会让探测器有反应，找金矿的时候这种事很常见。”

“可以让我看看那个碗吗？”艾米莉问。

它看起来只是一个平淡无奇的瓷碗，黑板一样的颜色。艾米莉用大拇指摸了摸瓷碗不平整的一面，惊讶地发

现竟然抹掉了一层黑色，露出来一抹深棕色。艾米莉继续用手擦，更多的黑色脱落下来。

“这像是煤灰，”艾米莉说，“看，如果把它擦掉，碗底就完全不一样了。”

“来，让我来。”基斯林老师说。他接过碗，开始用衣角大力去擦。他的衣服很快就被染黑了，脱落的煤灰中突然闪出一抹金光。

“我们找到金子了！”艾米莉说，简直不敢相信自己的眼睛。

詹姆斯欢呼一声，张开双臂，朝着天空大喊：“我们找到金子了！”

46

回到船上后，艾米莉和詹姆斯手舞足蹈地向大家讲述了他们从树洞中找到这只金碗的经过。林登女士见状不由得大笑起来：“冷静点儿，冷静点儿！你们俩蹦得船都摇起来了！船要是翻了，刚找到的宝藏又得沉到海底去了。”

“我们接下来要做的第一件事，”基斯林老师大声说，“就是要联系这个岛的主人。按照财产权的规定，这个金碗属于他。”

原本跟青蛙一样蹦来蹦去的艾米莉和詹姆斯听到这话，顿时大失所望。

“属于他？”詹姆斯不敢相信地重复了一遍。

“哪怕它是我们费尽千辛万苦才找到的？”艾米莉补充道。

“是的，但岛主人很可能会给你们相应的报酬。我们拭目以待。”

艾米莉用力眨眼，把几乎要夺眶而出的眼泪憋了回去。她尽量不表现出自己的失落，但妈妈立刻就察觉到了。“怎么了，嗯？”

艾米莉摇摇头。“没什么。”但随即她便对爸爸说，“我知道你们今天早上想跟我说什么。旧金山的生活成本太高了，我们需要再次搬家，对不对？原本我还指望这个宝藏能帮我们解决这个难题呢。”说着，她指了指金碗。艾米莉再一次不住地眨眼想憋住泪水，尽量不在众人面前哭出声来。

“哦，那个，”艾米莉的爸爸脸色苍白，“我要跟你和马修说得不是这个。”

“不是？”

林登女士已经开船朝旧金山返航。海风很大，艾米莉和爸爸只能扯着嗓子大声地喊话。马修也凑了过来，准备听听爸爸要说什么。

“我想告诉你们的是，我得到了一个在贝赛德出版社工作的机会。不过在我接受这份工作之前，我想先听听你们的意见。我知道格里斯沃尔德先生对你来说意义非同寻常，而你们两个又都是少年顾问委员会的成员，我想如果我真的到贝赛德出版社工作，感觉有点儿像成了你们学校的老师——我知道你们可能不怎么愿意自己的私人领地里出现家长的身影。”

“你是说真的吗？”艾米莉扑上前，一把抱住爸爸，“如果你能到贝赛德出版社工作，那就太好了！你会帮格里斯沃尔德先生策划游戏吗？”

艾米莉的爸爸大笑起来。“不会，我负责的是出版方面的工作，也就是贝赛德出版社的主业，我将担任人类学和社会学图书的编辑。”

“听起来好无聊啊！”马修大喊。

爸爸再次大笑起来。“我也觉得。不过，我还是挺兴奋的。这很有意思——这么多年来，我还以为自己再也不会做朝九晚五的办公室工作了。自由职业一度是我的追求。不过现在，我倒也挺期待稳定下来的。”

“还有留在旧金山。”艾米莉补充说。

“是的。”爸爸表示同意，“还有留在旧金山。”

“差不多要开始了！”艾米莉的爸爸在走廊那头大喊。

艾米莉跑到爸爸旁边的沙发椅上坐下，拿起一个抱枕抱在胸前。距离他们去海鸥岛已经过去了一个星期，记者已经就“无法破译的密码”和宝藏对她进行了采访，也就是说她的脸随时可能出现在电视屏幕上。

“来了！”艾米莉的妈妈赶紧从公寓后头跑过来，身上的饰品随着她奔跑的步伐叮叮响动。马修也一屁股坐在艾米莉旁边的沙发上。

“开始了。”艾米莉说，把脸埋在抱枕后面，只露出一双眼睛。

爸爸微笑着拍了拍她的腿。“艾米莉，好样的。你做得很棒！”

新闻报道以一段对“无法破译的密码”的历史回顾作为开场。“看，林登女士！”艾米莉指着电视喊道。电视上，林登女士正打开牛皮纸的文件夹，展示藏宝者留下的原始文件和上面的地图。

随后，新闻报道切换到记者站在海鸥岛上的画面，而她身旁就是艾米莉他们找到宝藏的那个树桩。女记者的头发被吹起，遮住了她的眼睛。只听她介绍道：“多亏了两个聪明机智的中学生和他们的社会课老师，这个被掩藏一个世纪之久的秘密终于揭开了神秘的面纱。这就是发现宝藏的地方。”

接着便是艾米莉、詹姆斯和基斯林老师坐在教室里，接受记者采访的画面。

“你们在此之前是否想过真的能找到宝藏？”记者问艾米莉和詹姆斯。

詹姆斯回答说：“关于想象找到宝藏这件事，我觉得就跟想象有朝一日能开火箭飞船或跟僵尸战斗差不多。也就是说，我的确幻想过，但并不觉得现实中真的能发生。”

“找到宝藏的一瞬间是什么感觉，艾米莉？”记者又问。

“一开始很激动，因为我们找到了一样——”

詹姆斯随即插话进来：“事实上，当时最强烈的感觉就是恶心，因为上面全是鸟粪。”

艾米莉大笑起来：“说得没错。当我们最终找到那个碗的时候，我一开始很失望。因为它看起来一点儿都不像金子，我以为只是某样不值钱的旧东西罢了。所以当最终意识到那其实是一个金碗时，我们都很激动。”

“基斯林老师呢？”记者问，“作为他们的老师，你当时是什么感觉？”

“无比自豪。我们破解了一个历史谜题，如果没有这两位学生的执着与付出，这是不可能做到的。”

接下来是对金碗的特写镜头，配合记者的旁白讲解：“我们来看看这两个聪明的孩子是从哪里取得突破的。纸上用柠檬酸写着‘希冀’两个汉字。一旦受热，就会变成棕色显现出来——生活中随处可见的柠檬汁居然可以用作密写墨水。取得这一关键性的突破之后，两个孩子最终揭开了谜底。”

接着，电视上播放起了记者与一位华人历史协会的女历史学家对话的画面。

“在淘金热时代，同时懂得英文和粤语两种语言的华人在旧金山并不多见，但也不是完全没有，”女历史学家说道，“编出这一密码的淘金者毫无疑问是受过教育的，很可能是能用英文和粤语两种语言与人沟通的商人。

“这个密码可以追溯到1853年，那时的美国对华人移民还存在很多歧视。只有华人淘金者需要额外支付特别税。如果他们拒绝，便得不到任何法律保护，即使遭遇抢劫、殴打，甚至更糟糕的事情，也得不到任何来自政府机构的支持或保护。在这种恶劣的环境下，华人矿工只好把他们找到的金子熔化，铸成普通日常物品的样子，比如这只碗，然后抹上煤灰。至于这名淘金者为什么要把自己的金碗藏起来日后再取，如今恐怕已无从知晓。”

新闻报道结束了，爸爸一只手拥着艾米莉：“表现得很棒！”

“简直就是少年版的印第安纳·琼斯。”马修说。

就在这时，门铃响了。“是詹姆斯，”艾米莉说，“我们约好一起去霍利斯特书店。”

迎接艾米莉、詹姆斯和马修的是霍利斯特书店修整一新的橱窗，它像是一个温暖的灿烂笑容。书店还未重新营业——霍利斯特说离那还有很长一段路要走。但书店遭受的结构性损坏已得到修葺，而他今天要举行一个油漆派对。

书店里一个个空荡荡的书架正等着上漆。地板上已经铺好了油纸，还准备了一张折叠牌桌，用来放置杂物。基斯林老师也来了，正忙着把刷子、滚筒和盛油漆的盘子摆到桌子的一端，林登女士则忙着在另一端摆上零食和饮料。格里斯沃尔德先生正用红色胶带修饰新橱窗和门框。杰克则忙着给前台铺上塑料膜。

格里斯沃尔德先生的狗也来了。安琪儿蜷缩在一块油毡布上，克劳斯则在书店里这儿闻闻，那儿嗅嗅。

“狗也来参加油漆派对，还是让加里来处理吧。”霍利斯特摇着头自言自语一句，转头又问格里斯沃尔德先生，“你不担心它们的毛会沾上颜料吗？”

格里斯沃尔德先生挥了挥手。“没事的！反正有宠物美容师。”

詹姆斯把自己带过来的塑料袋摆好，从里面拿出他妈妈和外婆坚持让他带过来的食物：用香蕉叶裹着的糯米鸡，还有炸春卷。

艾米莉和詹姆斯也邀请了舞蹈委员会的人，大家陆续都到了。因为这次用不着活页夹，薇薇安看起来手都有点儿不知道该怎么放了，只好摆弄起基斯林老师刚刚摆好的粉刷工具。凯文和戴文则径直朝两只狗走去，克劳斯咬着一条卷成球的毛巾跟他们玩起了丢球的游戏。马迪和妮莎意识到她们俩竟然带了两个一模一样的盘子过来，不由得哈哈大笑。马迪带的是牛肉丝奶酪馅饼，妮莎带的则是咖喱鸡豌豆炸三角饼。

查理没有出现在油漆派对上。霍利斯特已经把他炒了。尽管查理并不是像艾米莉事先怀疑的那样故意放火，但他在停车的事上确实撒了谎，后来证明他撒谎的还不止这一件事。霍利斯特之所以雇用他，是因为他声称自己擅长电脑编程和网络开发，但事实上他最近才开始自学HTML。火灾那天他之所以离开书店，就是因为他不知道该如何解决霍利斯特书店网站的一个问题，于是返回车上察看操作手册。

“他才刚学HTML？那是最基本的呀！而他还说自

己是专家？”詹姆斯问，惊讶于竟然有人能这么大胆地扯谎，“他是不是连 JavaScript 是什么都不知道？”

“看来查理是个多面手，奈何没一样精通的。”霍利斯特叹气道，“就算他没有撒这些谎，我也会让他走的。丢下书店不管，把一个未成年人扔在店里，这是很不负责任的行为。”

尽管查理算不上霍利斯特书店的好员工，但想起自己曾经跟警察说他就是纵火犯，艾米莉还是不由得感到一阵愧疚。要不是后来斯隆先生被拆穿，说不定她的话会给一个无辜的人惹来很多麻烦。

霍利斯特环顾空荡荡的书店。“这间小店已经做好翻开新篇章的准备了。我希望接下来会是令人愉悦的一章。橘色的墙壁，白色的书架，这样的搭配应该不错。”

“一定会很棒。”杰克说。

“就像置身于奶昔里一样。”马修说道，大伙被他的话逗得大笑起来。

“是的，”格里斯沃尔德先生也说，“谁不想在如奶昔一般美妙的环境里看书、选书呢？我想，这应该是每一个爱书人的梦想。”

艾米莉看到墙上有一块试色用的亮橘色颜料。“我喜欢你选的这个颜色，霍利斯特。我觉得我的卧室也可以涂成这个颜色。”

“说到这儿倒是提醒我了，”詹姆斯打开他带来的冷藏袋，露出一堆易滋易滋，“我们给油漆派对买了这个。”

“易滋易滋！”霍利斯特高兴地拍着手，“已经好多年没有吃过了。有薄荷味的吗？”说着，霍利斯特便上前翻找起来。“哦，真的有！”他胜利似的举起找到的薄荷味冰激凌，高兴得手舞足蹈，克劳斯也兴奋地在他身边跑来跑去。

“克劳斯。”格里斯沃尔德先生厉声斥道。听到主人呵斥，克劳斯悻悻地跑到一边，格里斯沃尔德先生凑到它耳边轻声说道：“别着急。我的冰激凌会跟你和安琪儿分享的。”

在大家各自选定自己喜欢的口味后，基斯林老师问艾米莉和詹姆斯：“除了请大家吃冰激凌，你们还打算用你们的奖金干些什么呢？”

从海鸥岛回来以后，基斯林老师把那个金碗交给了警察。因为金碗是在私人土地上找到的，得等海鸥岛的主人表达意见之后才能进行后续处理。海鸥岛的主人听说后，被他们寻宝的故事和金碗背后的历史意义打动，决定把金碗捐赠给华人历史协会，还奖励了艾米莉和詹姆斯每人一万美元。如今艾米莉的爸爸已经找到了新工作，他们一家无须再为钱的事情担心，所以爸爸妈妈坚持让艾米莉自己处理这些钱。詹姆斯的爸爸也拒绝接受詹姆斯的钱，而且还答应减少出差的次数。所以艾米莉和詹姆斯商量了一个计划，正迫不及待地想向大家宣布。

“既然你问到了……”詹姆斯望向艾米莉，艾米莉点头示意他继续往下说，“我们想把这些钱都给你，霍利斯特，帮你重新把书店开起来。”

霍利斯特正咬着一口冰激凌，这时惊讶地张大嘴巴，然后又赶紧闭上，拿出一张餐巾纸捂在嘴唇上。他假装被人击中了心脏一般踉跄着往后退，当其他人都开始为詹姆斯的宣告而鼓掌欢呼的时候，霍利斯特也跟着大笑起来。

“你们俩呀。”霍利斯特张开双臂抱住艾米莉和詹姆斯，“你们两个真是太贴心了。谢谢你们的慷慨，但我恐怕不能接受。”

“什么？”艾米莉惊讶地退后两步，“为什么？”

“这是给你们的奖励，是你们两个自己挣来的钱，应该用在自己身上。把钱存起来留作上大学的学费吧。事实上，你们能想着把这笔钱给我，就已经是最好的礼物了。”

“可是……”艾米莉看着仍待修葺的书店，“你的书店怎么办？”

“我的书店和我都挺好的，你们不用担心。事实上，在老朋友的帮助下，我已经有了新的计划。”说着，霍利斯特冲着格里斯沃尔德先生点了点头，说，“加里，还是你来跟大家说说吧。”

格里斯沃尔德先生咧嘴一笑。“我还以为你不感兴趣呢。”说着，格里斯沃尔德先生举了举手中的易滋易滋，“首先我来致个辞。祝愿霍利斯特和他的书店，还有抽空来参加这一活动的年轻人，有一个光明灿烂的未来。你们上周末在学校舞会上策划的活动让我印象深刻，同时深受启发。”

格里斯沃尔德先生说着低下了头，又清了清嗓子。“说实话，自从去年秋天遭遇袭击以来，我感觉自己都不像自己了。

“你们的游戏让我意识到，我付出的精力没有白费。这就是我一直说的连锁反应，不管是恐惧还是欢乐，残忍还是善良，都会一直传递下去。游戏过程中来自同学们的欢声笑语，传递到了每一个角落。

“看着你们，我突然萌生了一个想法，于是急忙赶回家，并给霍利斯特打了电话。现在我要宣布我接下来的计划了。”

整个书店原本都安静了下来，只有轻柔的爵士乐缓慢流淌，然而一听到即将有新的动作，所有人都开始热烈讨论起来——包括杰克，他似乎也跟其他人一样为这个消息感到惊讶。

“是什么？”

“会是什么活动呢？”

“新的游戏吗？”

克劳斯也坐直身子，尖声吠了三次，引得所有人哈哈大笑。

等到大家安静下来，格里斯沃尔德先生问：“你们听说过密室逃脱挑战吗？”见没有人说话，他又解释道：“参加者被关在一个上了锁的房间，必须齐心协力解决一系列的谜题，在规定时间内逃出密室。”

“听起来很有意思。”艾米莉说。

“很好玩，我决定在旧金山举办一场终极密室逃脱挑战赛。”

“在哪儿呢？”詹姆斯问。

“恶魔岛。”格里斯沃尔德先生说。

“恶魔岛？”詹姆斯问，“岛上的那个监狱？”

“就是那里。”

霍利斯特听完吹了声口哨，摇摇头。“他跟我说这个想法的时候，我就跟他说这很疯狂，但加里从来都是一个有雄心壮志的人。”

“活动的名字就叫——”格里斯沃尔德先生朝空中挥起一只手，好似挥动旗帜一般，“解锁魔鬼岛。”

“酷！”凯文和戴文齐声喊道，“我们能去吗？”

“当然可以！我还会邀请来自全美各地的资深‘寻书侦探’玩家，剩余的参赛名额会进行拍卖，筹得的资金用于帮助霍利斯特书店恢复运营。大家觉得怎样？”

大家一阵欢呼。艾米莉把手上的易滋易滋与詹姆斯、妮莎和薇薇安的依次碰了碰。

这时马迪凑过来。“别以为你找到了那只金碗就胜我一筹。”她说道，脸上却挂着微笑。

“我们何不组成团队，一起努力呢？”艾米莉回答说。

“那肯定很好玩吧？”大家纷纷用手上的易滋易滋“碰杯”庆贺。戴文和凯文则开始唱起来：“解锁魔鬼岛！解锁魔鬼岛！”其他人见状也跟着附和起来，除了基斯林老师——他依然是双手交叉抱在胸前站在一边，不过看起来也乐在其中。他身旁的林登女士正和着大家的节拍耸动肩膀，还玩笑似的用臀部去撞基斯林老师的臀部，基斯林老师咧嘴笑起来，也伸出手指跟着节拍摇晃着，仿佛在挥舞着小旗子给大家加油。

艾米莉已经记不起上一次感觉如此轻松和快乐是什么时候了。几个月前，第一次走进霍利斯特书店时，她甚至连能不能称詹姆斯为朋友都还不确定，一切都是崭新而陌生的。基斯林老师和马迪让她如芒在背，格里斯沃尔德先生还只存在于互联网和她的想象中。然而，仅仅过去几个月，她不仅有了新的朋友，还有了这么一群志同道合的伙伴。这是艾米莉第一次在家人之外的集体中找到归属感。她想永远留住这种感觉。艾米莉不禁想起格里斯沃尔德先生的话，保持积极的心态并将美好的东西传递下去是多么重要呀！她想，是不是这样坚持下去，就能让这种美好的感觉永远留存呢？

无论何时，都不要放弃希望。

作者的话

《无法破译的密码》尽管是一部虚构的小说，但其中的情节还是参考了许多真实的历史事件和人物。

马克·吐温、《汤姆·索亚历险记》和“无法破译的密码”

“无法破译的密码”的传说完全是虚构的，但马克·吐温在 1864 年到 1866 年间确实在旧金山生活过。当时他用的还是自己的本名，萨缪尔·克莱门斯，是《晨报》的一名记者。在此期间，他写出了短篇小说《卡拉维拉斯县驰名的跳蛙》，开启了自己的文学生涯，并开始使用“马克·吐温”这一日后众所周知的笔名。本书中艾米莉和詹姆斯一路跟踪基斯林老师，最后抵达的泛美红杉公园也是真实存在的，又名马克·吐温广场。那个有跳蛙雕塑的喷泉，便是在致敬马克·吐温的名作。

在旧金山生活期间，马克·吐温结识了一位名叫汤姆·索亚的消防员。根据罗伯特·格雷史密斯《黑色火焰：汤姆·索亚的真实故事》的记载，马克·吐温和汤姆·索亚正是相识于如今红杉公园所在的地方。1864 年时，那里有一座名为蒙哥马利大楼的大型建筑，里面有酒吧和土耳其浴室，据说马克·吐温和汤姆·索亚便是在这些地方相识的。

汤姆·索亚声称马克·吐温借用了“汤姆·索亚”这一名字，然后创作了之后那个经典的人物形象。在《晨报》1895 年的一篇采访中，索亚说：

> 马克·吐温朝我走来，两只手搭上我的肩膀。“汤姆，”他说，“我打算写一本书，主角是个男孩——世界上最坚韧的那种男孩。汤姆，他就跟年轻时的你一样。我想我会给他取名为汤姆·索亚。汤姆，你想买多少本？我可以给你五折价。”

马克·吐温没有驳斥汤姆·索亚的说法，但也从来没有证实过它的真实性。时至今日，我们已无从知晓索亚的说辞是真是假。

在 1898 年的一次采访中，索亚回忆了一段他前往内华达州弗吉尼亚城的旅行，他在那里与马克·吐温共度了一段时光。格雷史密斯在《黑色火焰》中谈论这次旅行时写道：“索亚与伙伴萨姆（即马克·吐温），还有其他朋友度过了几个兴奋的夜晚。他们喝酒、赌博，挥金如土……”从这一描述中，我们可以想见，吐温也是有可能接受对方用“无法破译的密码”代替赌资的。

小说里“无法破译的密码”曾在数次火灾中幸免于难，这些火灾也是历史上真实发生过的。第一场火灾是1851年的旧金山大火，也是小说中提到的一系列火灾中最严重的一场。这场大火迅速在城市里蔓延开来，夺去了许多人的生命。搁浅的奈安蒂克号曾经是一艘捕鲸船，此前已经被改造成了商业场所，也在这场大火中彻底沉没。后来随着填海造陆的扩展，它的残骸与其他许多被烧毁的船只一道被掩埋在了地下。后来在其遗迹之上，人们建起了奈安蒂克酒店，但这一酒店却在1872年经历了一次大火，之后经过改造变成了奈安蒂克大楼，最终毁于1906年的地震和随之而来的大火。

小说里的第二场大火发生在弗吉尼亚城，马克·吐温居住的白宫酒店，就在汤姆·索亚拜访他之后不久。第三次意外发生在汤姆·索亚名下的一个酒吧，这个位于交汇大街935号的酒吧陪伴他度过了人生最后的二十五年。而他的酒吧毁于1906年的大火，不久之后汤姆·索亚也去世了。

淘金热

1848年1月，在现今萨克拉门托（加利福尼亚州首府）附近有人发现了黄金，当时距离美国从墨西哥割占加利福尼亚才刚刚过去几周。之后，淘金热席卷全球，吸引了来自中国、墨西哥、智利、澳大利亚、德国和法国等世界各地的淘金者。短短两年间，旧金山便从一个人口不足一千的小镇发展成了人口超过两万的小城。旧金山是当时美国西海岸的门户，由于当时加利福尼亚州还没有通铁路，大多数外来人口只能乘船抵达。经常有船只被抛弃在沙滩上，以至于耶尔巴布埃纳湾往北通往淘金地的一带聚集了大量的船员。由于建材稀缺且昂贵，有时这些船只会被拆解开来用作建筑材料，或者直接改造成商业场所，比如奈安蒂克号的情况。

耶尔巴布埃纳湾的人口逐渐增多，这里慢慢发展了起来。靠近海滨的土地随之变得宝贵起来，一方面是因为来往船只能带来各种货物，同时也是因为旧金山地势崎岖多山，这一切给这座新兴城市带来了很多挑战。

旧金山的沉船

小说中基斯林老师曾在 1978 年参与的奈安蒂克号发掘工作，也是真实的历史事件。当时是一位建筑工人在一栋大楼的工地上发现了船只残骸。大楼建设随之戛然而止，海洋博物馆介入，开始了发掘工作。本书中艾米莉和詹姆斯在海洋博物馆看到的奈安蒂克号船尾遗骸，还有在淘金热时期被改造成水上仓库时的微缩模型，以及 1978 年发掘中出土的艺术品，都是真实存在的物件。与小说不同的是，这些文物是分别在海洋博物馆和国家海洋历史公园两个地方展出的。出于叙事的考虑，我把两个地点合而为一。

淘金热时期，至少有四十七条船被埋在了旧金山的地下，奈安蒂克号是其中最为知名的一艘。

海鸥岛

海鸥岛是我虚构出来的一个地方，这主要是受旧金山湾唯一的私有岛屿红岩岛的启发。（在我写下此文时，该岛屿正对外出售。）

浪琴石园

由旧金山探索博物馆委托艺术家们建造的一个露天艺术景观，位于一个防波堤上。艺术家们用从公墓废墟拆下来的材料建造了它。

钠和水的化学反应

一些碱性金属，比如钠和钾，遇水会发生剧烈的化学反应。本书故事中纵火者所使用的钠是一种银色金属，室温环境下性状柔软，因其性质过于活泼，一般储存在矿物油中。将金属钠直接扔进水中十分危险，会剧烈爆燃甚至爆炸！你可以在视频网站上找到很多钠与水发生化学反应的视频。

图书在版编目(CIP)数据

无法破译的密码 /(美)珍妮弗•钱布利斯•贝特曼著；谢幕娟译．-- 南昌：二十一世纪出版社集团，2022.8
（寻书侦探；2）
ISBN 978-7-5568-6308-2

Ⅰ．①无… Ⅱ．①珍…②谢… Ⅲ．①智力游戏－青少年读物Ⅳ．① G898.2

中国版本图书馆 CIP 数据核字（2021）第 220051 号

寻书侦探 2: 无法破译的密码

XUN SHU ZHENTAN 2: WUFA POYI DE MIMA

［美］珍妮弗·钱布利斯·贝特曼 著　谢幕娟 译

出 版 人　刘凯军　责任编辑　费　广
特约编辑　李佳星　美术编辑　费　广

出版发行　二十一世纪出版社集团（江西省南昌市子安路 75 号 330025）
网　　址　www.21cccc.com
经　　销　全国新华书店
印　　刷　河北鹏润印刷有限公司
版　　次　2022 年 8 月第 1 版
印　　次　2022 年 8 月第 1 次印刷
开　　本　880mm×1230mm　1/32
印　　张　11
字　　数　210 千字
书　　号　ISBN 978-7-5568-6308-2
定　　价　42.00 元